Da hat der Himmel die Erde berührt
Was wir an Weihnachten feiern

Hermann-Josef Frisch

Da hat der Himmel die Erde berührt

Was wir an Weihnachten feiern

Patmos Verlag

Für die Schwabenverlag AG ist Nachhaltigkeit ein wichtiger Maßstab ihres
Handelns. Wir achten daher auf den Einsatz umweltschonender Ressourcen
und Materialien. Dieses Buch wurde auf FSC®-zertifiziertem Papier gedruckt.
FSC (Forest Stewartship Council®) ist eine nicht staatliche, gemeinnützige
Organisation, die sich für eine ökologische und sozial verantwortliche Nutzung
der Wälder unserer Erde einsetzt.

Bibliografische Information der Deutschen Nationalbibliothek
Die Deutsche Nationalbibliothek verzeichnet diese Publikation in der Deutschen
Nationalbibliografie; detaillierte bibliografische Dateien sind im Internet über
http://dnb.d-nb.de abrufbar.

Umschlaggestaltung: Finken & Bumiller, Stuttgart
Umschlagabbildung: Alex Koch/www.photocase.com
Satz und Layout: Hermann-Josef Frisch, Overath
Druck: CPI – Ebner & Spiegel, Ulm
Hergestellt in Deutschland

ISBN 978-3-8436-0234-1 (Print)
ISBN 978-3-8436-0277-8 (eBook)

Inhalt

Ein Wort zu Beginn

Für die meisten Menschen – gleich ob sie sich zum christlichen Glauben bekennen oder nicht – ist Weihnachten das Hauptfest des Jahres. Es ist ein Fest, das eine lange, sich manchmal über zwei, drei Monate erstreckende Vorbereitung kennt, ein Fest, auf das sich eine Fülle von Hoffnungen, Sehnsüchten, Kindheitserinnerungen und hoch gespannte Erwartungen richtet, ein Fest, das bis an den Rand gefüllt ist mit Brauchtum und Riten, mit Gewohnheiten und festlichen Strukturen wie sonst kein anderer Tag im Jahr. Es ist ein Fest der Familie. Von überall her kommen Kinder zu ihren Eltern, es gibt Familientreffen, die Freude, aber auch Stress mit sich bringen können. Es ist ein Fest des Friedens. Bei vielen kriegerischen Auseinandersetzungen wird über Weihnachten eine Waffenruhe vereinbart – aber was nützt das, wenn nach den Tagen weiter geschossen wird? Und es ist ein Fest, das trotz des Einbindens vorchristlicher Bräuche und gegen alle Verfälschung letztlich nur Sinn macht aufgrund seiner Botschaft, dass Gott Mensch geworden ist in Jesus aus Nazaret, seinem Christus, seinem Gesalbten und Gesandten.

So wichtig dieses Fest für die meisten Menschen nach wie vor ist – wenn es fehlen würde, würde uns viel fehlen –, so schwierig ist es auch für manchen Zeitgenossen geworden. Viele fragen nach seinem Sinn und stellen Hergebrachtes in Frage. Viele kommen mit den alten Bräuchen und Riten des Festes nicht mehr klar. Viele haben hohe, zu hohe Erwartungen an dieses Fest, und so kommt leicht Enttäuschung auf, wenn sich diese Erwartungen auf Geborgenheit und Frieden, auf ein harmonisches, in Beziehungen eingebettetes und ganzheitlich gelingendes Leben nicht erfüllen. Alleinstehende erleben an Weihnachten Einsamkeit besonders deutlich.

Andere wiederum wollen dieses Fest für sich und ihre Familie intensiv nutzen, fragen sich aber, ob die alten Bräuche der Festgestaltung heute noch sinnvoll sind und mit der nachwachsenden Generation gelebt werden können.

Und über all dies hinaus ist Weihnachten natürlich der Manipulation unterlegen, die in einer konsumorientierten Gesellschaft alle Lebensbereiche umgreift. Bereits im November dudelt es in den Kaufhäusern und Fußgängerzonen »Stille Nacht, heilige Nacht« und »Süßer die Glocken nie klingen«; die Symbolik von Licht und Dunkelheit, die sich in unseren Breiten mit dem Weihnachtsfest verbindet, wird »gnadenlos« eingesetzt, um die Kaufbereitschaft der Kunden zu erhöhen. Weihnachtsmänner gibt es in großer Zahl; wer sich in die Geschäftszonen der Städte wagt, kann ihnen ab November nicht entkommen. Immer lauter, immer schneller geht es in der Vorbereitungszeit von Weihnachten zu – und so breiten sich an den Festtagen erst recht Müdigkeit und Erschöpfung aus. Man ist dann froh, wenn alles vorbei ist, die ganze »Weihnachterei« hängt einem mehr oder weniger zum Hals heraus. Daran ändert auch die Freude der Kinder wenig, denn wir sehen ja, wie sehr auch ihr Blick auf die Geschenke, auf das Materielle und Oberflächliche gerichtet ist – kaum verwunderlich bei dem, was sie an ihren Vorbildern, den Erwachsenen sehen.

Weihnachten, so sagen manche, ist in den letzten Jahrzehnten so gründlich »verdorben« worden, dass man es eigentlich gar nicht mehr feiern kann. Manche – und deren Zahl wächst – ziehen daraus die Konsequenz und fliehen an irgendeinen Urlaubsort, möglichst in die Sonne. Doch auch dort findet sich zwischen Palmen ein Plastiktannenbaum, der Weihnachtsmann kommt in die Hotelanlage und wiederum erklingt »Stille Nacht« – dieses Mal in den Lautsprechern der Hotelflure. Nein, rund um die Welt begegnet uns Weihnachten in vielfältiger Form, meist kitschig, manchmal erträglich, aber nur selten wirklich angemessen. Wir können Weihnachten nicht entkommen!

Auch gibt es in unserer Gesellschaft immer mehr Menschen, die nicht mit dem Christentum verbunden sind. Wie können Muslime, Buddhisten oder auch nichtreligiöse Menschen eine Beziehung zu Weihnachten haben, wenn es ihnen an der Beziehung zu dem mangelt, dessen Geburtstag an Weihnachten gefeiert wird? Weihnachten wird auch aus diesem Grund in neuer Weise »fragwürdig«.

Wohl aber können wir zu einem neuen Verständnis von Weihnachten kommen, indem wir uns auf seinen Ursprung besinnen, seine Grundlage suchen, seinem Sinn nachspüren. So – und nur so – ergeben sich neue Wege, Weihnachten in einer angemessenen Weise zu feiern und über die oberflächliche, konsumorientierte Verkitschung des Festes hinauszuwachsen. Weihnachten kann man nicht einfach so feiern. Auf Weihnachten sollte man sich vorbereiten und einstimmen.

Bei dieser Besinnung und dieser Suche nach einer guten Festgestaltung von Weihnachten in unserer Zeit möchte dieses Buch helfen – ähnlich geschieht dies mit dem Blick auf Ostern im parallelen Buch »Auf uns wartet das Leben. Was wir an Ostern feiern«. Dieser Band will durch eine Besinnung auf den biblischen und theologischen Grund von Weihnachten helfen, das Eigentliche dieses Festes wahrzunehmen. Es macht im Rückblick auf die Entstehung des Festes und des dazu gehörenden Brauchtums und seiner Symbole deutlich, worum es eigentlich geht. Es will Wege aufzeigen zu einer in unserer Zeit verantworteten Feier von Weihnachten. Dabei geht es darum, die »Kraft der Hoffnung« aufzuzeigen, die sich aus christlicher Sicht mit Weihnachten und der Weihnachtsbotschaft verbindet: Weil Gott Mensch wird, können auch wir besser als aus eigener Kraft »Menschen werden«; unser Leben kann aus dem Glauben heraus besser gelingen, gewinnt ein Ziel, für das und auf das hin es sich zu leben lohnt. Weihnachten kann für jeden von uns zum Fest der Hoffnung werden, das unser Leben tragen kann.

Ein Kind ist uns geboren

In jedem neugeborenen Kind
klopft Gott an die Tür.
Volksgut

Die Geburt eines Kindes ist in der menschlichen Gesellschaft ein herausragendes Ereignis. Alle Kulturen sprechen von der Freude über neues Leben, über Neugeborene als Zeichen der Hoffnung, über den Lebensbeginn als »Wunder«, dem man mit Dankbarkeit begegnen darf. Der jüdische Talmud sagt: »Kinder sind eine Gabe Gottes, mit ihnen belohnt er die Seinen.« Ein persischer Spruch aus alter Zeit sieht neugeborene Kinder als »Brücken zum Himmel«. Und der indische Weise Rabidranath Tagore (1861–1941) schreibt: »Jedes neugeborene Kind bringt die Botschaft, dass Gott sein Vertrauen in den Menschen noch nicht verloren hat.«

Ein Kind ist uns geboren – das bedeutet nicht nur für Eltern, Großeltern und Geschwister Glück und Freude. Alle, die dem Neugeborenen begegnen, wenn es die stolzen Eltern präsentieren, fühlen sich bewegt und angesprochen: Ein kleines, ohnmächtiges und schwaches Leben, auf Hilfe und Pflege angewiesen und dennoch ein »heiliger Anfang«, neue Lebenskraft, gesegnetes Leben.

Viele Kulturen feiern deshalb den Lebensbeginn mit einem besonderen Fest und begleiten den Neuanfang durch religiöse Riten: Eltern wünschen sich Schutz und Segen für ihr Kind, denn sie wissen von der Gefährdung des Lebens, sie wissen auch von ihrer eigenen begrenzten Kraft, dem Kind einen guten Start ins Leben zu ermöglichen. Der Segen Gottes, der Gottheit, der himmlischen Mächte wird deshalb am Lebensbeginn erbeten: Möge Gott selbst diesen jungen Menschen auf seinem Weg begleiten, ihn schützen und ihn zu einem guten Ziel führen. Die Lebenswenden Geburt, Erwachsenwerden, Heirat und Tod sind überall mit religiösen

Riten verknüpft – für Christinnen und Christen ist es am Lebensbeginn die Taufe, die dem Kind früher unmittelbar nach der Geburt, heute oft auch etwas später gespendet wird.

Wenn für jeden Menschen gilt, dass die Geburt ein frohes und beglückendes Ereignis ist, dann gilt das in besonderer Weise von Menschen, denen man eine hohe Bedeutung nicht nur für die eigene Zukunft, sondern für die Zukunft einer Gesellschaft, eines Volkes zuspricht: Die Geburt eines Königskindes etwa, eines künftigen Herrschers, wird als bedeutsam für sein ganzes Volk angesehen. Von da aus verwundert es nicht, wenn eine solche herrschaftliche Geburt mit besonderen Vorzeichen verknüpft wird: Die Sterne »stehen« günstig oder es erscheint sogar ein besonderer Stern, der einen verschlüsselten Hinweis auf die Geburt des neuen Königs gibt. Vielerlei wunderbare Zeichen, etwa eine frühe Blüte von Bäumen und Sträuchern passend zur Geburt des mächtigen Kindes, können in den Erzählungen der Völker die Erinnerungen an die Geburt des Herrschers begleiten.

Von da aus gibt es in allen alten Kulturen *Kindheitslegenden* bedeutender Menschen, meistens der Herrscher oder Religionsstifter. Solche Kindheitsgeschichten sind eine besondere Textsorte oder literarische Gattung: Nicht um historisch exakte Berichte eines vergangenen Geschehens geht es dabei, sondern um deutende Erzählungen, die im Rückblick die Wichtigkeit eines Menschen erfassen wollen. Dies geschieht nicht durch biografische Details und historisch nachprüfbare Fakten, sondern durch bildhaftes Sprechen, durch erzählerisch breit ausgeführte »Lebensbeschreibungen«, die das wunderbare Sein solcher Menschen zeigen.

Solche *Aretalogien* (griechisch »arete« = »Tugend«, Verherrlichung eines Menschen) gibt es von Herrschern (etwa vom akkadischen König Sargon [2300 v. Chr.] oder vom römischen Kaiser Augustus [63 v.–14 n. Chr.]) ebenso wie von Weisen (etwa Pythagoras, 570–510 v. Chr.) oder Wundertätern (etwa Apollonius von Tyana, 40–120 n. Chr.). Ebenso werden über den *Buddha* (Siddharta Gautama) Kindheitslegenden erzählt: von einer jungfräulichen Empfängnis (Eingang eines weißen Elefanten in die Seite von Siddhartas Mutter Maya) und Geburt bis zu wunderbaren Taten des jungen Siddharta anlässlich seiner Brautwerbung.

Auch in der Bibel finden sich verschiedene Kindheitslegenden. Im Neuen Testament sind dies auf Jesus bezogen die Kindheitsgeschichten bei Matthäus (Mt 1–2) und Lukas (Lk 1–2); die beiden anderen Evangelien nach Markus (= ältestes Evangelium) und Johannes berichten ebenso wenig über die Kindheit Jesu wie die anderen neutestamentlichen Schriften, etwa die Paulusbriefe. Doch greifen auch Matthäus und Lukas auf alttestamentliche Vorbilder zurück, die von Ereignissen rund um die Geburt bedeutender Kinder erzählen.

In den *Schriften der Hebräischen Bibel* (in etwa des christlichen Alten Testaments) finden sich zu herausragenden Menschen Geburts- oder Kindheitslegenden. Dies beginnt bereits bei *Isaak* und der Erzählung von seiner Opferung durch seinen Vater Abraham (Gen 22). Die Geburtslegende des Mose (Aussetzen des Kindes in einem Körbchen auf dem Nil, Ex 2,1–10) macht ein für Kindheitslegenden typisches Schema deutlich: Dem König (Pharao) wird ein Rivale geboren, deshalb wird dieses Kind verfolgt (Mord an den Kindern der Israeliten in Paralle zum Kindermord in Betlehem durch Herodes). Gott aber rettet das Kind durch wunderbares Eingreifen, denn es ist für Größeres bestimmt.

Eine deutliche Vorgabe für Matthäus war im Alten Testament die Kindheitslegende des Simson, eines der Helden der Richterzeit (Ri 13). Hier taucht das Motiv von der Unfruchtbarkeit und dem Alter einer Frau auf (vgl. Abrahams Frau Sara [Gen 18,12] oder Hanna, die Frau des Elkana [1 Sam 1]), das Lukas für Elisabeth, die Mutter von Johannes dem Täufer, aufgreift. An solchen Frauen zeigen die biblischen Schriftsteller das wunderbare Eingreifen Gottes: Das Vertrauen auf einen Gott, der den Armen (hier den unfruchtbaren Frauen) beisteht, prägt diese Texte.

Die Geburtslegende des Propheten Samuel (1 Sam 1–2) bringt eine doppelte Parallele zu den neutestamentlichen Geburtslegenden um Jesus: Zum einen wird hier durch das Eingreifen Gottes ein Kind geboren, das von Gott her einen besonderen Auftrag hat: Prophet Israels zu sein. Zum anderen lassen sich die Danklieder der beiden Mütter unmittelbar vergleichen: Das Danklied der Hanna (1 Sam 2,1–10) ist das Modell für das Danklied der Maria (Magnificat, Lk 1,46–55) und stimmt in seiner Aussage mit ihm inhaltlich überein: Gott, der Herr, ist groß, weil er den Kleinen hilft.

Kindheitslegenden existieren in alter Zeit in vielfältiger Gestalt. Matthäus und Lukas greifen diese Textsorte auf, nicht um Historisches vom Anfang der Lebenszeit Jesu zu berichten und exakte Fakten zu übermitteln, sondern – wie immer bei Kindheitslegenden – um eine Deutung der betreffenden Person zu geben. Die Kindheitsgeschichten des Matthäus und Lukas sind demnach Glaubenszeugnisse aus der Zeit der Gemeinden der zweiten christlichen Generation (etwa um das Jahr 90 n. Chr. entstanden) und bekennen den Glauben an Jesus, den Christus Gottes. Die beiden Texte am Anfang der Evangelien sind also keine Biografie und dürfen auch nicht auf biografische Daten (Geburtszeit, Geburtsort, Geburtsumstände) befragt werden. Wohl aber – und das ist in einem Glaubensbuch wie der Bibel entscheidend – geben sie den Glauben der Verfasser wieder: Dieses Kind ist der Christus, der Herr, das Licht Gottes mitten unter den Menschen. In diesem Jesus, dem »Immanuel« (»Gott-mit-uns«), hat *der Himmel die Erde berührt.*

(Im biblischen Teil dieses Buches wird das Thema Kindheitslegenden genauer behandelt.)

Weihnachten –
Name und Geschichte

Mit Weihnachten beginnt eine neue Zeit,
die Zeit,
in der Christus das Licht der Welt ist
und in der sich Menschen zu ihm
als dem Licht der Welt bekennen.

Zum Namen:

In den europäischen Sprachen haben sich für das Weihnachtsfest unterschiedliche Namen gebildet, die verschiedenen Ursprungs sind. Das deutsche Wort *Weihnacht(en)* ist auf die geweihte, heilige Nacht zurückzuführen. Im 12. Jahrhundert wird in mehreren Texten von der »wihen naht« gesprochen, etwa in einem Gedicht des Dichters Spervogel aus dem Jahr 1190:

> »Er ist gewaltic unde starc,
>
> der ze wihen naht geborn wart:
>
> daz ist der heilige krist.«

Durch die Nennung der geweihten, heiligen, also mit Gott verbundenen und durch das Wirken Gottes geprägten Nacht wird in diesem Text die Weihnachtserzählung der Bibel und die inzwischen im Christentum entstandene Weihnachtsliturgie von ihrem Sinn her gedeutet: Mitten in der Nacht, in der von den Menschen gefürchteten Dunkelheit des Lebens, greift Gott ein und bringt durch seinen Sohn Licht in die Welt. Eine neue Zeit beginnt mit der ersten »Weihnacht«, eine Zeit, ab der sich Menschen zu Christus als dem Licht bekennen.

Der Name Weihnacht(en) ist also im deutschsprachigen Raum von seiner Entstehung an christlich geprägt und geht – anders als bei manchem vorchristlichem Brauchtum, das für die Feier von Weihnacht übernommen wurde – nicht von außer- oder vorchristlichen Traditionen aus. Das heilige Geschehen dieser Nacht spiegelt sich im Namen wider.

In den romanischen Sprachen des Mittelmeerraumes wird das Weihnachtsfest in eher karger Weise vom Geschehen der Geburt Jesu her benannt: Es ist der Geburtstag Jesu, lateinisch: *nativitate domini* (Geburt des Herrn); entsprechend italienisch: *Natale*; spanisch: *Navidad*; französisch: *Noël*. Auch hier gibt es vom Namen her eine unmittelbare Beziehung zu Jesus, dem geglaubten Herrn der Welt. Ein ähnliches Bekenntnis findet sich im Neugriechischen: Dort heißt Weihnachten *Christougenna* (»Christuswerdung«).

Nennungen in anderen Sprachen wie das englische *Christmas* (heute im Amerikanischen auch zu *Xmas* verhunzt) oder das niederländische *Kerstmis* beziehen sich auf den weihnachtlichen Gottesdienst mitten in der Nacht, die Christmette: In ihr wird erfahrbar, wie das Licht Christi mitten in dunkler Nacht aufleuchtet.

Eine Reihe von Redewendungen stellen im Deutschen die Bedeutung von Weihnachten heraus: Es ist *das* Fest, entsprechend hat man »ein Gefühl wie Weihnachten«; besonders freudige Anlässe sind so, als ob »Weihnachten und Ostern (die beiden christlichen Hauptfeste) auf einen Tag fallen«; man kann sich auch so freuen, »wie sich ein Kind auf Weihnachten freut«. Wenn man etwas vehement ablehnt, sagt man vielleicht: »Lieber nichts zu Weihnachten«. Wenn im Advent allmählich weihnachtliche Stimmung aufkommt, dann »weihnachtet« es sehr (Theodor Storm).

Zur Geschichte von Weihnachten:
An welchem Tag und in welchem Jahr Jesus wirklich geboren wurde, ist nicht bekannt und kann heute auch nicht mehr mit Sicherheit erschlossen werden. Die biblischen Erzählungen im Matthäus- und Lukasevangelium erwähnen keine genauen Daten und selbst, wenn sie es täten, wäre es ohne Belang, weil die in den Kindheitsberichten der Evangelien verwendete Textsorte »Geburtslegende« nicht historisch fassbare Fakten schildern will, sondern theologische Deutungen der Person Jesu bereits von Anfang seines Lebens an vornimmt

(vgl. das Kapitel »Weihnachten – die Botschaft der Bibel«). Das wirkliche Geburtsdatum Jesu bleibt im Dunkeln der Geschichte verborgen.

Der historisch exakte Termin der Geburt Jesu war den Christen der ersten Jahrhunderte zudem unwichtig. Ihr wichtigstes Fest – und das gilt nach wie vor für den christlichen Glauben – war Ostern. Der gekreuzigte und auferstandene Herr bildete die Mitte des Bekenntnisses der Christen, auch den Kern der neutestamentlichen Evangelien. Von diesem Fest her feierte man jeden Sonntag Eucharistie, Abendmahl (»jeden Sonntag Ostern feiern«), von diesem Fest aus entwickelten sich dann auch andere Feste (etwa Pfingsten sieben Wochen nach Ostern).

Über den Beginn des Lebens Jesu dachte man in der Anfangszeit des Christentums wenig nach und feierte auch seine Geburt nicht. Es gab zwar in der Katakombenmalerei des zweiten Jahrhunderts bereits einige Darstellungen der Geburt Jesu und der Verehrung durch die Magier, aber kein eigentliches Weihnachtsfest. Erste liturgische Hinweise gibt es etwa ab dem Jahr 300 in Ägypten und einige Jahrzehnte später auch in Rom. Die Entstehung eines Festes zur Geburt Jesu ist theologisch einzuordnen:

Bedingt durch die großen christologischen Fragestellungen, die die Christen des vierten Jahrhunderts bewegten und die in den Konzilien dieses und der folgenden Jahrhunderte geklärt wurden, ergab sich zunehmend ein größeres Interesse an der Gestalt Jesu und damit auch an seiner Geburt. Es ging immer mehr um die Frage: Wer ist dieser Jesus? Woher kommt er? Was ist sein Anfang (in dem nach antikem Denken bereits die Wurzeln für seinen weiteren Lebensweg liegen)?

Über diese christologischen Fragen wurde heftig gestritten. Es gab eine Fülle von Auffassungen, Meinungsverschiedenheiten und Streit. Die einen verstanden Jesus nur als von Gott geschaffenen Menschen (Arianer), die anderen hielten den menschlichen Leib Jesu nur für einen Scheinleib, in Wirklichkeit sei Jesus Gott und nichts anderes gewesen (Doketisten). In langer Diskussion und Reflexion prägten die großen Konzilien (325 Konzil von Nizäa, 381 Konzil von Konstantinopel, 431 Konzil von Ephesus) dann die für die Kirche künftig geltende Christologie: Jesus ist wahrer Gott und wahrer Mensch. Und genau dieser Gedanke wird an Weihnachten gefeiert (vgl. das Kapitel »Weihnachten – die Deutung der Theologie«).

Weihnachten, so könnte man überspitzt sagen, ist damit die liturgische und festliche Umsetzung theologischer Klärungen, die den Glauben der Kirche konzentrierten und präziser aussagten. Weihnachten ist ein Fest, dass einen Kerngedanken christlichen Glaubens thematisiert, damit aber das Ganze des Glaubens umfassend aussagen will. Weihnachten ergibt sich aus der Mitte des Glaubens und erhält seinen inneren Sinn nur von hier aus. Dies ist bei der Gestaltung des Festes unbedingt zu berücksichtigen: Allein vom Glauben an Jesus als wahren Gott und Menschen lässt sich Weihnachten feiern.

Der 25. Dezember dagegen wird erst im Jahr 354 erstmalig als Geburtstag Jesu genannt. Allerdings ist trotz aller Forschungen die Begründung dafür nicht eindeutig. Vielmehr gibt es eine Reihe von Hypothesen, die Sinn machen, aber letztlich nicht beweisbar sind.

Das junge Christentum könnte – so die erste Hypothese – mit der Feier des neugeborenen Gottessohnes einen bewussten oder unbewussten Protest gegen heidnische Gottesverehrungen intendiert haben. In der Zeit um den 25. Dezember, also in den dunkelsten Tagen des Jahreskreises, gab es nämlich im alten Rom und in den Mittelmeerländern eine Reihe verschiedener religiöser Feste: Diverse Kulte, vor allem Sonnenkulte, aber auch der im 4. Jahrhundert aus Persien stärker nach Rom übergreifende Mithraskult, feierten die Wintersonnenwende, ab der die Tage wieder länger und die Nächte wieder kürzer wurden. Ob es am 25. Dezember im Römischen Reich wirklich ein Fest des »Sol invictus«, des unbesiegbaren Sonnengottes, gegeben hat, ist nicht sicher.

Dennoch konnte die Licht- und Sonnensymbolik von Christen leicht aufgegriffen und auf Jesus bezogen werden, dem der deutende Vers zugesprochen wurde: »Ich bin das Licht der Welt« (Joh 8,12) und von dem – aus christlicher Sicht – bereits der Prophet Jesaja verkündete: »Das Volk, das im Dunkeln lebt, sieht ein helles Licht ... Denn uns ist ein Kind geboren ...« (Jes 9,1.5). Es ist denkbar, dass Christen gegen die Verehrung heidnischer Götter die Verehrung Jesu, des wahren Lichtes, setzen wollten. In einer Zeit, in der der christliche Glaube um seine Existenzberechtigung kämpfen musste, macht ein solcher Vorgang durchaus Sinn: Jesus, der Christus, ist der vom Himmel gekommene Gottessohn, der den Menschen erschienen ist als das wahre Licht in der Finsternis.

Gefördert von Kaiser Konstantin, der 325 das Christentum zur Staatsreligion des Römischen Reiches machte, wurde von den Christen nun Jesus als die wahre Sonne bekannt. Allem heidnischen Sonnenkult, gleich welcher Herkunft, wurde ein eigenes christliches »Lichtfest« entgegengesetzt: »Christus ist unsere Sonne.«

Eine andere und etwas schwierigere Hypothese ist die einer Berechnung des Geburtsdatums Jesu vor jüdisch-alttestamentlichem Hintergrund. Dahinter steht, dass das Datum des christlichen Osterfestes (wie auch von Pfingsten) vom jüdischen Kalender (Pascha bzw. Wochenfest) abhängig ist. Je nachdem, welcher Tradition man den Vorzug gibt, kann der Todestag Jesu (der 14. Nisan im jüdischen Kalender) auf den 7. April des Jahres 30 oder auf den 25. März des Jahres 29 gefallen sein. Eine alte Tradition sagt weiterhin aus, dass bei einem abgerundeten und vollendeten Leben Geburtstag und Todestag auf den gleichen Tag im Jahreskreis fallen. Bei einem vollendeten Leben wie dem des Erlösers müsste das auch so sein. Hinzu kam für die Festlegung des Geburtstages Jesu auf den 25. März ein weiterer Grund: Dieser Tag galt im Denken der Antike als erster Schöpfungstag – damit auch als Tag der »Schöpfung« Jesu. Außerdem stehen nach antiker Vorstellung Anfang und Ende in Beziehung zueinander – deshalb musste der Todestag Jesu auch sein Geburtstag sein (so vertreten durch den Kirchenvater Hippolyt von Rom [170–235]). Andere Kirchenväter, etwa Clemens von Alexandrien (150–215), legten für ihre Gemeinden einen Tag zwischen Ostern und Pfingsten als Geburtstag Jesu fest.

Allerdings wollte man die Geburt Jesu dann doch nicht am Tag seiner Kreuzigung feiern. Deshalb verstand man unter dem Beginn seines Lebens seine Empfängnis. Vom 25. März als Tag der Empfängnis Jesu (heute in der katholischen Kirche liturgisch das Fest der »Verkündigung des Herrn«, vgl. Lk 1,26–38) konnte man dann den 25. Dezember als den Tag seiner Geburt berechnen. Dazu passten auch andere Hinweise alttestamentlich-jüdischer Tradition. Bei dieser Hypothese entsteht demnach die Festlegung des Termins von Weihnachten nicht als Reaktion auf heidnische Feste zur Wintersonnenwende gleich welcher Art, sondern aus der jüdischen Tradition, in der das Christentum wurzelte.

Abzulehnen ist eine Abhängigkeit des Termins der christlichen Weihnacht von dem alten germanischen Julfest (Mittwinter). Dieses Fest wurde nämlich im germanischen Raum erst Mitte Januar gefeiert. Erst im Jahre 940, also zu einem Zeitpunkt, als der Termin des christlichen Weihnachten bereits jahrhundertelang fixiert war, wurde das Julfest, sofern es überhaupt noch gefeiert wurde, auf den 25. Dezember verschoben, eine eher hilflose Reaktion germanisch-heidnischer Kreise auf die sich abzeichnende Übermacht christlichen Gedankenguts im germanischen Raum. Wenn für den Termin von Weihnachten – und dies gegen nationalsozialistische Ideologie ebenso wie gegen ein diffuses rechtes »Neuheidentum« unserer Zeit – jede Abhängigkeit von germanischen Festen bestritten werden muss, so gilt dies sicher nicht für manches Brauchtum. Hier war das Christentum offen für vielerlei Impulse – durchaus auch aus vorchristlichen Religionen (vgl. dazu das Kapitel »Weihnachten – das Fest und das Brauchtum«).

Was den Termin von Weihnachten angeht, so ergab sich im dritten Jahrhundert ein Unterschied zwischen den westlichen und den östlichen Teilen der Kirche. Im Westen wurde der 25. Dezember als Termin bestimmt, im Osten der 6. Januar. An diesem Tag feierte man im Westen das Fest Erscheinung des Herrn und gedachte dabei der in der Bibel erwähnten Magier, die, aus dem Osten kommend, das Kind verehrten. Im Jahre 379 wurde dann durch Gregor von Nazianz auch für den Ostteil der Kirche (und des Römischen Reiches) der 25. Dezember als Festtermin von Weihnachten bestimmt. Der 6. Januar blieb für das Gedenken der Magier und für den Beginn des öffentlichen Wirkens Jesu (Taufe und Hochzeit zu Kana). Dies ist auch so geblieben.

Dass Ost- und Westkirche in unserer Zeit teilweise zu unterschiedlichen Terminen Weihnachten feiern, liegt nicht an der Festlegung auf den 25. Dezember bzw. den 6. Januar, sondern an der Kalenderrechnung, die im Osten in der orthodoxen Kirche nach dem alten julianischen Kalender erfolgt. Er liegt inzwischen fast zwei Wochen hinter dem gregorianischen des Westens zurück. Damit wandert der »östliche 25. Dezember« auf den 6. Januar des Westens.

Um das Gesagte zusammenzufassen: Name und Termin des Weihnachtsfestes sind zu verstehen aus dem Kern der biblisch-christlichen Botschaft: Gott sendet seinen Sohn wie ein Licht mitten in die Dunkelheit der Welt. Dieser Gedanke wird in den beiden folgenden Kapiteln der biblischen und theologischen Deutung von Weihnachten näher aufgeschlüsselt.

Weihnachten –
die Botschaft der Bibel

Fürchtet euch nicht,
denn ich verkünde euch eine große Freude,
die dem ganzen Volk zuteil werden soll:
Heute ist euch in der Stadt Davids
der Retter geboren;
er ist der Messias, der Herr!
Lukasevangelium 2,10–11

Das Weihnachtsfest kennt eine ganz bestimmte, ihm eigene Stimmung und rührt Menschen an. Es kennt aber auch ganz bestimmte Bilder und Vorstellungen, nicht nur den Tannenbaum mit seinen Lichtern, die gut verpackten Geschenke, den »süßen« Teller, sondern auch die Krippendarstellung mit ihren Figuren: umgeben von Maria und Josef das kleine Kind in der Krippe, dahinter Ochs und Esel, an der Seite die Hirten, vielleicht mit einigen Schafen, und, noch ein wenig entfernt, die Heiligen Drei Könige, auf Kamelen reitend, Schatzkisten in den Händen tragend. Das Geschehen rund um die Krippe in Figuren dargestellt, auf Weihnachtskarten gedruckt, in Lichterbildern wiedergegeben – wir wissen von seinem biblischen Ursprung: Weihnachten liegt begründet in der Weihnachtsgeschichte der Bibel. Weihnachten – die Botschaft der Bibel, das ist nun unser Thema.

Es beginnt allerdings mit einer Überraschung: Die Jesusgeschichte wird von den vier Evangelien erzählt, die in unterschiedlicher Weise vom Leben und Wirken, vom Predigen und Heilen, vom Sterben und Auferstehen Jesu berichten. Und von seiner Geburt? Man sollte meinen, auch dazu erhalten wir genaue Angaben, denn daraus ergibt sich doch unsere Feier von Weihnachten. Doch genau das geschieht eben nicht, die Evangelien vermitteln uns keine biografischen Details aus dem Leben Jesu, sondern eine theologische Deutung dessen, was mit diesem Jesus geschehen ist – und zwar aus einer Zeit zwei Generationen nach dem Tod Jesu. Die Evangelien spiegeln den Glauben der Christen in der Zeit von 70–95 nach Christus. Dies gilt auch und besonders für die Erzählungen von der Geburt Jesu.

Solche Erzählungen gibt es allerdings nur in zwei Evangelien, bei *Matthäus* und bei *Lukas*; *Markus* und *Johannes* schweigen darüber ebenso wie die anderen Schriften des Neuen Testaments. Die jeweils ersten beiden Kapitel im Matthäus- und Lukasevangelium sind unter dem Namen *Kindheitsgeschichten* bekannt, obwohl dies irreführend ist. Von der Kindheit Jesu wird nämlich gar nicht berichtet – mit Ausnahme der Legende vom zwölfjährigen Jesus im Tempel (Lk 2,41–52). Ansonsten geht es um zwei Textsorten:

- um Geschichten von der Ankündigung der Geburt Jesu
- und um Geburtsgeschichten.

Auch diese Texte allerdings – so zeigt die nähere Analyse – sind nicht als historisch-biografische Berichte zu verstehen, sondern deuten diesen Jesus bereits am Anfang seines Lebens als *Christus*, als den von Gott gesandten Retter. Dies geschieht vor dem Hintergrund vieler alttestamentlicher Bezüge und unter Rückgriff auf die im Orient in vielen Kulturen verbreitete Textsorte der Geburtsgeschichten, mit denen man das Leben wichtiger Persönlichkeiten herausstellen wollte. Im Einzelnen wird dies noch zu zeigen sein, vorab aber gilt in aller Deutlichkeit:

Matthäus und Lukas schildern nicht das historische Geschehen, sondern deuten Jesus von Nazaret bereits am Anfang seines Lebens als den von Gott gesandten Christus.

Die Evangelien als Glaubenstexte

Wie aber kommt es dazu, dass Markus und Johannes überhaupt nicht über die Geburt Jesu berichten und Lukas und Matthäus es »nur« in dieser ganz bestimmten Weise tun? Wir wüssten doch gerne mehr über Jesu Geburt, über seine Herkunft und Kindheit, über sein Heranwachsen und seinen Weg in die Öffentlichkeit. Warum geben uns die Evangelien darüber keine Auskunft?

Um dies zu beantworten, muss man sich den Charakter der vier Evangelien als *Glaubenstexte*, nicht als historische Berichte vor Augen halten und dabei besonders auf ihren Ausgangspunkt und ihre Aussageabsicht achten. Die Evangelisten, die zu unterschiedlicher Zeit und für unterschiedliche Gemeinden schrieben, wollten ihre Leser oder Hörer zum Glauben an Jesus ermuntern und die jungen Gemeinschaften der Christen stärken. Ihre Texte, die etwa zwischen 70 und 95 nach Christus in verschiedenen Schritten entstandenen Evangelien, sind deshalb Glaubenstexte, keine historischen Berichte, obwohl sie natürlich auf historisches Geschehen zurückgehen.

Der Ausgangspunkt dabei ist die Erfahrung, die die Jünger Jesu an Ostern machten: Dieser Jesus, der ungerecht verfolgt, gequält und ans Kreuz geschlagen wurde, ist nicht im Tod geblieben, sondern in einer neuen, nicht fassbaren, nicht greifbaren, aber vor allem nicht begreifbaren Weise weiterhin unter ihnen. Diese Erfahrung, die die Jünger erschreckte und die sie nicht einordnen konnten, führte dazu, dass ihre Gemeinschaft nicht resigniert und mutlos auseinanderbrach, sondern dass sie zusammenblieb und bald – gestärkt vom Geist Gottes – bekannte: *»Diesen Jesus hat Gott auferweckt!«*

Und mehr noch: Man erwartete den Gekreuzigten und Auferweckten schon bald als den bereits im Alten Testament prophezeiten Menschensohn, der als Herr, als Messias, zurückkommen wird und in dieser Wiederkehr den Beginn einer neuen Welt setzt.

Zentraler Ausgangspunkt aller vier Evangelien ist also die Auferweckung (Auferstehung) Jesu. Von diesem Punkt, von dieser unbegreiflichen und unbeschreibbaren Erfahrung aus blicken die Evangelisten dann zurück. Denn im Leben Jesu musste sich doch bereits ankündigen, was nach seinem Tod geschah. Auch wenn man es als seine Jüngerinnen und Jünger damals noch nicht richtig verstehen, sondern nur spüren, ahnen konnte: Dieser Jesus war nicht erst in seiner Auferweckung, also nach Ostern, etwas Besonderes, sondern bereits vorher, in seinem Leiden und Sterben, in seinem öffentlichen Wirken – und wohl auch bereits bei seiner Geburt. Von der Auferweckung, von Ostern aus blicken die Evangelisten somit zurück auf das Leben Jesu, aber sie tun dies – und das ist entscheidend – *unterschiedlich weit.*

• Der erste, älteste Evangelist ist *Markus* (nicht der in den Bibelausgaben zuerst gedruckte Matthäus). Er beginnt mit der Suche nach einer »Vorgeschichte der Auferstehung«. Selbstverständlich ist für ihn die Passion, die Leidensgeschichte Jesu, von besonderer Bedeutung, führt sie doch unmittelbar zur Auferweckung. Und so kann der römische Hauptmann, der am Kreuz unter dem toten Jesus steht, bereits sagen: »Wahrhaftig, dieser Mensch war Gottes Sohn!« (Mk 15,39).

Doch Markus bleibt nicht bei dieser Vorgeschichte stehen (das hatten andere, uns unbekannte Christen getan, die die Passion als Bericht bereits vor ihm schriftlich fassten und auf deren Text Markus zurückgreifen konnte). Zur Vorgeschichte der Auferweckung (Leidensgeschichte) schreibt Markus wiederum eine Vorgeschichte, die Geschichte der Worte und Taten Jesu, seiner Predigten und Heilungen, seiner Zuwendung zu Menschen, seiner Verkündigung des kommenden Reiches Gottes, das in ihm bereits begonnen hat und angebrochen ist.

Den frühesten Punkt, den Markus in seinem Evangelium über Jesus aufführt, und der bildlich gesprochen »seine Geburt in unsere Welt« hinein darstellt, ist dabei die Begegnung Jesu mit Johannes dem Täufer und die Taufe Jesu im Jordan.

Dabei wird deutlich, wer dieser Jesus ist: »Und eine Stimme aus dem Himmel sprach: Du bist mein geliebter Sohn, an dir habe ich Gefallen gefunden« (Mk 1,11). Was noch davor lag, hat Markus nicht mehr interessiert. Er hatte mit Taufe und Gotteswort über Jesus am Anfang und mit der Auferweckung des Gekreuzigten am Ende einen Rahmen gefunden, in den das öffentliche Wirken Jesu eingeordnet werden und der die Bedeutung dieses Jesus überzeugend vermitteln konnte. Was sollte er sich Gedanken über die Herkunft und Kindheit Jesu machen? Der erwachsene Mensch, sein Handeln, sein Sterben und sein Auferstehen waren von Bedeutung.

• *Matthäus* und *Lukas* gaben sich allerdings damit nicht zufrieden. Auch sie berichten von der Taufe Jesu, allerdings jeweils erst im dritten Kapitel ihres Evangeliums. Matthäus und Lukas überlegten weiter: Entsprechend dem antiken Grundsatz »Im Anfang liegt bereits der Schluss verborgen« waren sie davon überzeugt, dass bereits am Anfang des Lebens Jesu, also bei seiner Geburt, oder vielleicht bereits bei seiner Zeugung, etwas von dem aufzuspüren sein müsste, was erst am Ende, in Tod und Auferweckung, voll und ganz erfahrbar werden sollte: Dieser Jesus ist Mensch wie wir, aber er ist zugleich mehr, er ist der so lang ersehnte *Messias* (hebräisch, griechisch: *Christus*, deutsch: Gesalbter, Gesandter [Gottes]). Bereits im Kind Jesu – so Matthäus und Lukas – macht sich Gott sichtbar, begegnet dem Menschen, verbindet sich mit ihm.

Wie aber sollte man das ausdrücken, da man doch über die Geburt Jesu nichts wusste – wer achtet schon auf die Geburt eines Kindes in irgendeinem Dorf im Orient und wer weiß dann (neunzig Jahre später!), nachdem alle Augenzeugen gestorben waren, noch etwas davon? Matthäus und Lukas gehen dieses Problem unterschiedlich an – ihre Texte unterscheiden sich deshalb in der großen Anlage, aber auch in vielen Kleinigkeiten, widersprechen sich sogar in manchem. Dennoch liegt ihnen die gleiche Vorgehensweise zugrunde:

– Beide greifen – und dies liegt ja nahe – auf die *Traditionen der Hebräischen Bibel* zurück, des Alten, Ersten Testaments der Christen, das ja auch die Bibel Jesu war und das in den christlichen Gemeinden des Anfangs als Wort Gottes verehrt und gelesen wurde. Also suchten sie dort nach Hinweisen auf den erwarteten Messias und verbanden diese mit ihren Erzählungen von der Ankündigung der Geburt und der Geburt selbst. Besonders Matthäus zitiert häufig die Hebräische Bibel und verweist darauf: »... denn so steht es bei dem Propheten ... damals erfüllte sich, was durch den Propheten Jeremia gesagt worden ist ...« Solche »Erfüllungs- oder Reflexionszitate« nehmen die Theologie der Hebräischen Bibel und damit der Juden als Grundlage, um aus ihr herauswachsend (»wie ein Zweig aus einer Wurzel«) den Neubeginn Gottes mit den Menschen in Jesus aufzuzeigen.

– In ihrer Erzählweise greifen Matthäus und Lukas ebenfalls auf jüdische Vorbilder und alte, im Judentum zu findende Textsorten (Textgattungen) zurück. Allerdings klingen ebenso Sprachformen mit, die im Orient auch in anderen Kulturen üblich waren: Von bedeutenden Menschen erzählte man sich Geburtslegenden, die man selbstverständlich nicht historisierend verstand, sondern als deutende Vorankündigungen dessen, was später im Leben dieser Menschen geschehen würde: »Im Anfang liegt bereits der Schluss verborgen.« (Vgl. das Kapitel »Ein Kind ist uns geboren«.)

Die Geburtsgeschichten im Matthäus- und Lukasevangelium sind also als »Vorgeschichte« dessen zu verstehen, was Markus in seinem Evangelium geschrieben hat (der Markustext lag Matthäus und Lukas vor, sie nutzten ihn als Grundlage ihrer eigenen Schrift). Was aber ist mit Johannes?

• Um die anspruchsvolle Sicht des *Johannes* zu erklären, kann man vereinfacht sagen, dass er auf dem Weg, eine Vorgeschichte zur Auferweckung Jesu zu finden, noch einen Schritt weiter ging: Nicht mehr ist das öffentliche Leben und Wirken Jesu die Vorgeschichte zur »Vorgeschichte der Passion« (wie bei Markus), auch nicht allein die Geburt und davor liegend die Geburtsankündigungen (wie bei Matthäus und Lukas), sondern der Anfang liegt weit vor allem anderen in der Welt: »Im Anfang war das Wort, und das Wort war bei Gott, und Gott war das Wort ... Das wahre Licht, das jeden Menschen erleuchtet, kam in die Welt ... Und das Wort ist Fleisch geworden und hat unter uns gewohnt« (Joh 1,1.9.14). Dieser Jesus, der als der von den Toten Auferweckte erfahren wird, ist Sohn Gottes nicht erst seit der Taufe, nicht erst seit seiner Geburt, sondern bereits seit Anbeginn der Welt, ja er war schon vor der Erschaffung der Welt, unbegreiflich alles umfassend. Seine Geburt, seine Menschwerdung fasst Johannes in die kargen Worte: »Das Wort ist Fleisch geworden.« Dichter und theologisch anspruchsvoller lässt sich nicht mehr reden – der so genannte »Prolog des Johannesevangeliums« (Johannes 1,1–18) ist einer der bedeutendsten, allerdings in seiner theologischen Kompaktheit auch schwierigsten Texte christlicher Tradition – Stoff für unzählige Untersuchungen, dicke Bücher und viele Predigten.

Die Kindheitsgeschichte bei Matthäus

Die Kapitel 1 und 2 im Matthäusevangelium erzählen die »Kindheitsgeschichte« Jesu aus der Sicht dieses Evangelisten. Diese Texte sind eine Art theologischer Ouvertüre zum ganzen Evangelientext. Dabei wird die Geburt Jesu gleichsam nur nebenbei erwähnt, in Nebensätzen: »... bis sie ihren Sohn gebar ... als Jesus zur Zeit des Königs Herodes in Betlehem in Judäa geboren worden war ...« (Mt 1,25; 2,1). Andere Erzählmotive haben bei Matthäus erheblich mehr Gewicht: Es geht um himmlische Botschaften durch Engel; es geht um eine Verknüpfung dieses Jesuskindes mit der ganzen bisherigen Heilsgeschichte (Stammbaum); es geht um die Bestätigung des Kindes durch fremde Sterndeuter aus dem Osten (der Richtung der aufgehenden Sonne und des Lichtes) ...

Ein Blick auf die Gliederung seines Textes:

1,1–17	»Stammbaum« Jesu
1,18–25	Die Geburt Jesu
2,1–12	Die Huldigung der Sterndeuter
2,13–23	Ägypten
13–15	Flucht nach Ägypten
16–18	Kindermord in Betlehem
19–23	Rückkehr aus Ägypten

Dieser Überblick zeigt bereits, dass die eigentliche Geburt eher nebenbei erzählt wird, die anderen Texte und ihre Erzählmotive sind für die theologische Deutung Jesu aus der Sicht des Matthäus bedeutsamer. Betrachten wir im Einzelnen, was ihm in seinem Text wichtig ist. Dies nämlich kann auch uns bei unserer biblischen Betrachtung der Gestalt Jesu und seiner Geburt wichtig sein und uns bei einer Deutung des Weihnachtsfestes helfen.

Der Stammbaum Jesu (Matthäus 1,1–17)

Es ist eine eigenartige Liste, die Matthäus an den Anfang seines Evangeliums stellt, eine Liste zudem, die den heutigen Leser (und erst recht den Hörer im Gottesdienst) erheblich überfordert. Dies deshalb, weil Menschen heute der alttestamentliche Hintergrund dieser Namensliste kaum noch bekannt ist und weil wir vor allem ihre Textsorte falsch einordnen.

Die Liste ist nämlich in drei Teile aufgeteilt: von Abraham bis David, von David bis zur Babylonischen Gefangenschaft, von der Babylonischen Gefangenschaft bis Jesus. Während sich zu den Namen des dritten Teils verständlicherweise keine Angaben in der Hebräischen Bibel finden (da ihre geschichtlichen Texte älter sind), lassen sich bei den ersten beiden Listen eine Reihe von Schwierigkeiten erkennen: Matthäus gibt keineswegs eine »historisch richtige« Liste wieder, sondern er schreibt eine Liste, die bereits in sich eine theologische Deutung darstellt.

Diese beginnt bei der Zahl der Namen: Es sind (mehr oder weniger) dreimal 14 Namen. Die Zahl 14 ist dabei von besonderer Bedeutung. Im Hebräischen kannte man keine eigenen Zeichen für Zahlen, man nutzte Buchstaben. »D« etwa war nicht nur Buchstabe, sondern auch die Zahl »4«, der Buchstabe »w« (»v«) die Zahl »6«. Somit ergibt sich aus dieser Zahlensymbolik mit 14 der Name *David* (4 – 6 – 4). Der alttestamentliche König David aber spielte in der Messiaserwartung des jüdischen Volkes eine herausragende Rolle: Der Messias wird der »Zweite David« sein. Matthäus möchte mit seiner Liste in einer versteckten, aber jüdischen Lesern (Hörern) durchaus bewussten Weise zeigen, dass Jesus der verheißene Messias ist. Uns heute ist diese theologische »Spielerei« dagegen fremd.

Auch mit *Abraham*, dem Vater des Glaubens, verbinden sich theologische Akzente, die bei einer Deutung Jesu eine Rolle spielen können: Er ist der Mann des unbedingten Vertrauens auf Gott, der Mann des Aufbruchs in ein neues Land, eine neue Welt, eine neue Zeit – gleichsam der Beginn einer neuen Zeitrechnung. Mit Jesus beginnt für Matthäus in vergleichbarer Weise eine neue Zeitrechnung.

Entgegen der damals üblichen Weise werden auch vier *Frauen* im »Stammbaum Jesu« genannt, doch es sind nicht die ganz großen Frauengestalten der Hebräischen Bibel wie Sara oder Rebekka. Vielmehr tragen sie – in jüdischen Augen – alle etwas Anrüchiges mit sich: Tamar verführt, als Dirne verkleidet, ihren Schwiegervater Juda, um zu einem Kind zu kommen (vgl. Gen 38). Rahab, die Stadtdirne Jerichos, hilft durch ihren Verrat dem israelitischen Heer bei der Eroberung der Stadt (vgl. Jos 2). Rut ist als Moabiterin Ausländerin, gehört also nicht zum »auserwählten Volk« (vgl. Rut 1). Und wegen Batseba, der schönen Frau des Feldherrn Urija schließlich wird König David zum Mörder und Ehebrecher (vgl. 2 Sam 11).

Eigenartige Verhältnisse bei den Frauen im Stammbaum Jesu – aber nicht eigenartiger als das, was Matthäus über Jesus schreibt, und über das er am Ende seiner Liste ein wenig ins Stottern kommt: Er will Jesus eigentlich über Josef genealogisch mit David und Abraham verbinden, gleichzeitig aber schildert er wenige Verse später, dass Jesus gar nicht von Josef stammt (vgl. Mt 1,16.20; dann: »Josef erkannte Maria nicht, bis sie ihren Sohn gebar«, Matthäus 1,25). Die Jungfrauengeburt übersteigt das Fassungsvermögen des Matthäus (und auch wohl das unsere), aber mit ihr will Matthäus das Eingreifen Gottes in die Geschichte der Menschen in besonders deutlicher Weise aussagen.

Dies nämlich ist die Linie des ganzen Textes: Gott greift ein und setzt mit der Geburt Jesu einen Neubeginn, der sogar den Neubeginn mit Abraham und mit David übersteigt: Dieser Jesus ist der Christus, der Gesalbte Gottes. In ihm kommt Gott den Menschen nahe.

Die Geburt Jesu (Matthäus 1,18–25)

Eigentlich ist dieser Text keine *Geburts*geschichte, auch werden weder Ort noch Zeitpunkt der Geburt Jesu genannt. Es geht auch weniger um Jesus, eher um Josef und dessen Reaktionen auf ein unbegreifliches Geschehen. Und doch beinhaltet dieser Text eine Deutung Jesu, die wie eine Weichenstellung für alles Folgende ist.

Rein äußerlich betrachtet scheint die Sache klar. Josef ist mit Maria verlobt (dies geschah in Israel meist mit 12–13 Jahren); Maria aber wohnte dem Brauch entsprechend bis zur Hochzeit noch bei ihren Eltern. Dann zeigte sich, dass sie ein Kind erwartete – und zwar nicht von ihrem Verlobten. Nach jüdischem Recht hatte der Mann nun das Recht, einen Scheidebrief zu schreiben. Außerdem konnten die Frau und der Ehebrecher (denn Verlobung zählte bereits als eheliche Zuordnung) nach dem Gesetz des Mose gesteinigt werden. Doch Josef will sich lieber in Stille von Maria trennen. Soweit scheint dies ein Vorgang zu sein, der zwar nicht alltäglich war, aber damals auch nicht von besonderer Auffälligkeit.

Um die Bedeutung Jesu näher zu bestimmen, führt Matthäus nun Motive ein, die eine tiefere, spirituelle Sicht der Dinge ermöglichen. Im Traum rückt manches in ein neues Licht. Ein Engel ist ein Bote Gottes, der den Willen Gottes aufscheinen lässt. Und so zeigt sich in dieser tieferen Sicht, dass dieses Kind Mariens geistgewirkt ist. Gott hat – wie auch immer – eingegriffen und neues Leben geschaffen. Dies tat er, weil dieses Kind eine ganz bestimmte Aufgabe übernehmen soll, was sich bereits im festgelegten Namen zeigt: *Jesus* (Josua, aramäisch Jeschua, Verkürzung von Jehoschua = »Jahwe ist Rettung«) ist der Retter, der sein Volk erlöst, der von Gott gesandte Befreier, der zweite David, der König und Herr. Er ist der »Immanuel«, der »Gott-mit-uns« (Mt 1,23), in dem die Nähe Gottes ebenso aufscheint, wie Mose die Nähe Gottes, des »Ich-bin-da-für-euch« am brennenden Dornbusch erfahren hat (Ex 3).

Matthäus und Lukas erzählen, wenn auch in verschlüsselter Weise, von der *Jungfrauengeburt*, die beiden anderen Evangelisten tun dies genauso wenig wie andere neutestamentliche Texte. Auch sprechen viele neutestamentliche Texte unbefangen von Jesus als dem Sohn Josef, des Zimmermanns. Sicher erscheint deshalb, dass es den beiden Evangelisten wohl kaum um biologische Fakten ging, sondern – wie im Gesamten ihrer Evangelientexte – um theologische Deutungen eines Geschehens, das Gott mit Menschen wirkt.

Es ist anzunehmen, dass Matthäus und Lukas auch aus anderen orientalischen Erzähltraditionen das Motiv der Jungfrauengeburt kannten, eines Eingreifens eines Gottes in die Geschichte der Menschen auf wunderbare Weise. Dennoch kann man ihre Vorstellungen auch aus jüdischer Tradition heraus einordnen: Es geht hier – ebenso wie bei der Auferweckung Jesu – um ein Geheimnis, das sich zwischen Gott und den Menschen abspielt und das in menschlichen Worten und Begriffen nicht angemessen wiedergegeben werden kann. Das Reden des Matthäus und des Lukas von Maria, der Jungfrau, ist ein Versuch, etwas Unbegreifliches sprachlich zu fassen.

Das Geheimnis der Herkunft Jesu kann man in dieser oder anderer Weise ausdrücken – es geht jedoch weniger um die erzählerische Form als um die Kernaussage, um den wesentlichen Inhalt. Und der heißt im Blick auf die Geburt Jesu: In diesem Jesus erscheint Gott in unserer Welt, macht Gott sich sichtbar, erreicht Gottes Liebe den Menschen. Die erzählerische Form, die zudem auf das in der Antike gebräuchliche Motiv der Jungfrauengeburt eines besonderen Kindes zurückgreift, ist gegenüber dieser Kernaussage belanglos.

Damit Gottes Eingreifen in der Welt möglich wird, sind Glaube und Gehorsam Josefs gefordert. Und er, der Gerechte, wie er oft bezeichnet wird, folgt dem Wort des Engels (dem Wort Gottes), er nimmt Maria zu sich (im Judentum bedeutet dies die Heirat). Und er gibt seinem Sohn den von Gott vorgegebenen Namen Jesus.

Die Huldigung der Sterndeuter (Matthäus 2, 1–12)

Nach der »Vorstellung Jesu« im ersten Kapitel beginnt Matthäus nun neu: Eigenartige Geschichten von den Magiern, den Sterndeutern aus dem Osten, von der Flucht nach und der Rückkehr aus Ägypten und von dem Kindermord in Betlehem setzen neue Impulse seiner Deutung des beginnenden Lebensweges Jesu. Wiederum geht es nicht um Historisches, sondern um unterschiedliche Erzählmotive und um Rückgriffe auf Traditionen der Hebräischen Bibel, um dadurch den Glauben der Gemeinde des Matthäus an Jesus als dem rettenden »Gotteskind« zu stärken. Verdeutlichen wir uns dies an einzelnen Motiven:

• *In Betlehem in Judäa:* Jesus ist als Jesus von Nazaret bekannt, doch hier wird sein Geburtsort nach Betlehem verlegt. Dies ist die Stadt (obwohl damals eigentlich nur ein Dorf) Davids. Mit der Anbindung Jesu an Betlehem wird ebenso wie beim

Stammbaum Jesu eine Beziehung zu David hergestellt und damit eine theologische Aussage verbunden: Dieser Jesus ist der neue und wahre König Israels, der das Reich herstellen und die Menschen befreien wird. Wo Jesus nun wirklich geboren ist, ob in Nazaret oder Betlehem, kann von der Textsorte der Geburtsgeschichten bei Matthäus (und auch bei Lukas) nicht sicher beantwortet werden.

• *Der Stern:* Astronomen haben lange gerechnet, ob es zur Zeit der Geburt Jesu eine besondere Sternkonstellation gegeben hat (etwa den Halleyschen Kometen oder eine Konjunktion von Jupiter und Saturn). Aber solche Berechnungen gehen völlig am Evangelientext vorbei. »Wir haben seinen Stern aufgehen sehen« (Mt 2,2) meint etwas anderes. In der Antike wurde häufiger anlässlich der Geburt eines bedeutenden Menschen (etwa eines Kaisers) vom Aufgehen eines besonderen Sterns berichtet. Dies hieß nichts anderes: Ein solcher Mensch erhebt sich über die anderen wie das Licht eines Sterns die Dunkelheit der Nacht überstrahlt.

Es geht bei dem Stern von Betlehem, der zudem entgegen der Himmelsbahn anderer Sterne wandert, an bestimmten Orten stehen bleiben kann und wie auf Kommando wieder weiterzieht, nicht um einen wirklichen Stern. Es geht Matthäus vielmehr darum zu zeigen, dass Jesus wie ein Licht, wie ein Stern in unserer Welt erschienen ist. Die Prophezeiung des Sehers Bileam geht in Erfüllung: »Ein Stern geht in Jakob auf, ein Zepter erhebt sich in Israel« (Num 24,17). Der Stern also besitzt eine innere Wirklichkeit, er ist ein »theologischer Stern« – deshalb aber keineswegs weniger wirklich als die Sterne am Himmel. Und es geht darum, ob sich die Hörer des Matthäus ebenso auf den – vielleicht beschwerlichen – Weg machen, das wahre Licht der Welt zu suchen. Und diese Hörer (Leser) sind heute wir!

• *Die Sterndeuter (Magier):* Von den bei uns im Zusammenhang mit diesem Text oft genannten *Heiligen Drei Königen* Caspar, Melchior und Balthasar ist im Text nicht die Rede, sondern von einer unbestimmten Zahl von Sterndeutern aus dem Osten. Erst später hat man über diese Sterndeuter tiefer nachgedacht und sie als Vorbild gläubiger Menschen verstanden – schließlich hatten sie einen weiten Weg zurückzulegen, bis sie zum Kind fanden.

Im dritten Jahrhundert sprach der Theologe Origenes bereits von *drei* Magiern, weil es ja drei Geschenke gab: Gold, Weihrauch und Myrrhe. Und weil diese Geschenke nun wirklich etwas sehr Wertvolles waren, konnten die Sterndeuter keine einfachen Leute gewesen sein, sondern nur herausragende Männer, Könige. Im achten Jahrhundert weiß der Theologe Beda Venerabilis dann auch ihre Namen: Caspar aus Thorsis, Melchior aus Nubien, Balthasar aus Godalien – mit diesen Ländern werden sie zu Vertretern der drei damals bekannten Kontinente, das heißt: Die Vertreter der ganzen Menschheit machen sich auf den Weg nach Betlehem, um dem neugeborenen Jesus zu huldigen.

Doch von all dem weiß Matthäus nichts: Für ihn sind die Sterndeuter heidnische Gelehrte aus einem unbestimmten Osten, die Jesus als das wahre Licht ihres Lebens (und ihrer Weisheit) finden. Und wiederum: Ihre Geschichte ist ein Anstoß für die Hörer des Matthäus: Macht euch selber auf den Weg und bekennt Jesus als Herrn der Welt.

• *Herodes und die Schriftgelehrten:* Als Kontrast zu den Sterndeutern, den wirklich Weisen, werden die Hohepriester und Schriftgelehrten in Jerusalem (die späteren Gegner Jesu!) und der brutale König Herodes gezeichnet. Die jüdischen Gelehrten müssten eigentlich aus ihrer Kenntnis der Schrift von Jesus wissen, verschließen sich aber und verfehlen so das Eigentliche. Nicht die äußere Beschäftigung mit der Schrift lässt das Leben an sein Ziel gelangen, sondern nur eine innere Offenheit des Herzens. Diese Offenheit, diese Bereitschaft zum Glauben kann man auch verfehlen – so der Impuls des Matthäus an seine Hörer.

• *Träume:* Wiederum spielen – wie bei Josef – Träume eine besondere Rolle. Durch die Träume der Weisen, nicht nach Jerusalem zurückzukehren, greift Gott gleichsam in das Geschehen ein und stellt die Weichen neu. Alles also, was uns hier berichtet wird, so Matthäus, geschieht nach dem Willen Gottes, der sich in diesem Kind Jesus zeigt.

Ägypten (Matthäus 2,13–23)

Die zweite Hälfte des zweiten Kapitels bei Matthäus ist dreigeteilt: Der Kindermord in Betlehem wird eingerahmt von Berichten über die Flucht nach Ägypten und über die Rückkehr. Dass das neugeborene, »göttliche« Kind in Gefahr ist, ist ein Motiv vieler antiker Kindheitsgeschichten. Gerade in der Gefährdung aber zeigt sich die Rettung und damit die Bedeutung des Kindes.

Ob Matthäus solche alten Textsorten bewusst aufgegriffen hat, lässt sich nicht mehr entscheiden. Sicher aber hat er in seinem Text an ein anderes Kind gedacht, das auch zum Retter bestimmt war, dann in Lebensgefahr geriet und nur durch wunderbares Geschehen gerettet wurde und seinen Auftrag erfüllen konnte: an Mose. Was Mose damals geschah, geschieht dem Jesuskind jetzt: Verfolgt von einem brutalen Machthaber (der Pharao bzw. Herodes) wird es durch das Eingreifen Gottes gerettet: Der Retter muss zuerst einmal selber gerettet werden.

Jesus als zweiter Mose, als der, der nicht nur den König David (Betlehem), sondern auch die andere große Gründungsgestalt Israels, Mose, übertrifft – das ist schon eine deutliche theologische Aussage. Und auf die kommt es Matthäus an, nicht auf einzelne historische Details (den Kindermord in Betlehem etwa hat es in dieser Form wahrscheinlich nie gegeben, denn es gibt keine Spuren davon in Texten jener Zeit). Doch auch der von Matthäus erzählerisch eingebaute Kindermord erinnert an Mose und Ägypten: Auch damals wurden die Kinder der Hebräer getötet, auch damals entgeht ein Kind, der künftige Retter, dem Massaker.

Wiederum wird deutlich, dass Matthäus mit dem Kindermord von Betlehem nicht ein historisch greifbares Faktum erzählen will, sondern eine theologische Deutung Jesu, des »geretteten Retters«, ein Stück Christusverkündigung. Der »gerettete Retter« wird dann am Ende des Evangeliums in ganz anderer Weise in Erscheinung treten: Gott lässt seinen Christus nicht im Tod. Das Motiv jedenfalls klingt hier am Anfang bereits an und schafft so einen Rahmen über das ganze Evangelium hinweg.

Ein letztes Motiv verbindet Matthäus mit einem Zitat aus dem Propheten Hosea: »Als Israel jung war, gewann ich ihn lieb, ich rief meinen Sohn aus Ägypten« (Hos 11,1). Hosea schildert in seinem prophetischen Buch in eindringlicher Weise die Liebe Gottes zu den Menschen, besonders zu Israel. Matthäus bezieht diese Liebe Gottes auf Jesus: In Jesus erscheint die Liebe Gottes als Geschenk an alle Menschen.

Der Weg, den Jesus (mit Josef und Maria) zu gehen hat, ist der gleiche, den Mose gegangen ist: aus Ägypten zum verheißenen Land. Auf diesem Weg ist er von Gott selber geführt, *Gott ist mit ihm*. So kann dieser Jesus zum *»Gott ist mit uns«* werden, zum Immanuel. Und seine Gemeinde und die Leser oder Hörer seines Evangeliums stellt Matthäus damit vor die Frage: Wie hältst du es mit diesem Immanuel, mit dem von Gott gesandten Retter, mit diesem Kind, in dem sich Gottes Liebe zu den Menschen zeigt?

Die Kindheitsgeschichte bei Lukas

Biblische Texte zu Weihnachten, die Weihnachtsgeschichte – dabei denken wir besonders an den Evangelisten Lukas, an seine »Weihnachtserzählung« zu Beginn des zweiten Kapitels seines Evangeliums. Wir denken an Krippe und Hirten, an Engel und himmlischen Gesang. All das verdanken wir der Erzählung des Lukas.

Doch bei diesem Evangelisten lohnt es sich, ebenso wie bei Matthäus genauer hinzuschauen. Denn auch er setzt mit seinen Texten ganz bestimmte Schwerpunkte, will Christusverkündigung, nicht historischen Bericht leisten. Lukas ist unter den Evangelisten eindeutig der beste Erzähler, dem es allerdings nicht allein um das Erzählen geht. Das Lukasevangelium ist vielmehr erzählende Verkündigung: Evangelium von dem, den Gott als Retter gesandt hat, Frohe Botschaft von dem, der »ein Licht ist, das die Heiden erleuchtet und Herrlichkeit für das Volk Israel« (Lk 2,32).

Deshalb hat Lukas seinen Texten auch eine genaue Struktur zugrunde gelegt, die bereits deutlich macht, dass er eine ganz bestimmte Aussageabsicht verfolgt. Das kann das Schema zu den lukanischen Kindheitsgeschichten auf der folgenden Seite 38 verdeutlichen.

Die Aussageabsicht des Lukas kann durch dieses Schema erschlossen werden: Zweimal wird eine Geburt angekündigt, zweimal wird von einer Geburt erzählt, dazu gibt es Zeugnisse, die diese Geburten deuten. Vor allem aber tauchen immer wieder Lieder auf, Hymnen, in denen Gott für sein Wirken gepriesen wird – meist in der Sprache der Hebräischen Bibel und mit vielen inhaltlichen Bezügen zu den Erzählungen des Alten Testaments.

Aus der Tradition Israels heraus also ergibt sich ein Geschehen, das alles Bisherige übersteigt. Dabei übertrifft die Geburt des zweiten Kindes die des ersten noch bei weitem. Im Ersten ist das Zweite vorbereitet: Johannes ist aus der Sicht des Lukas und seiner Gemeinde der Vorläufer, der auf den Eigentlichen, auf Jesus, hinwies. Was in allen vier Evangelien anlässlich der Taufe (bzw. bei Johannes der Begegnung von Johannes und Jesus) erzählt wird, dass Johannes auf Jesus hinweist (»Es kommt einer, der stärker ist als ich … er wird euch mit dem Heiligen Geist und mit Feuer taufen«, Lk 3,16), nimmt Lukas bereits in seine Kindheitsgeschichte hinein. So kann er die Bedeutung Jesu bereits als Kind herausstellen: »Im Anfang liegt bereits der Schluss verborgen.«

Dieses Geschehen ist nicht einfach Historie, Biografie eines Menschen, sondern ist ein Geschehen, bei dem Gott eingreift und den Lauf der Welt verändert. Deshalb wundert es

I. Verheißung

Geburts-
ankündigung
Johannes
des Täufers
1,5–25

Zeugnis der
Elisabet und
des Johannes
1,39-45
*Loblied des
Magnificat
1,46–55*

Geburts-
ankündigung
Jesu
von Nazaret
1,26–38

II. Erfüllung

Die Geburt
Johannes des
Täufers
1,57–80
*Lobgesang
des Zacharias
1,68–79*

Zeugnis des
Simeon und
der Hanna
2,21–40

*Lobgesang
des Simeon
2,29–32*

Die Geburt
Jesu von Nazaret
2,1–20

*Lobgesang
der Engel
2,14*

III. Fortführung

Jesus zwischen
Tempel und
Eltern
2,41–52

*Gefallen bei Gott
und den Menschen
2,52*

nicht, dass das Geschehen durch theologische Lieder, durch Hymnen gedeutet wird, die dieses Eingreifen Gottes preisen und zum Bekenntnis führen: Das neugeborene Kind ist »der Retter, der Messias, der Herr« (Lk 2,11).

Doch nun zu den Texten im Einzelnen. Viele Motive kennen wir bereits von Matthäus, doch Lukas erzählt sie in anderer Weise.

Geburtsankündigung Johannes des Täufers (Lukas 1,5–25)

Der umfangreiche Text der Geburtsankündigung des Johannes ist keine Familiengeschichte, sondern bereits in sich nach dem alttestamentlich-theologischen Schema von Verheißung und Erfüllung gestaltet. Lukas greift auf Motive des Alten Testaments zurück (etwa: noch im hohen Alter einen Sohn bekommen, vgl. Abraham), vor allem auf prophetische Aussagen. Von ihnen aus gestaltet er seine Verkündigung, die auf Jesus hinweist.

Der Beginn des Geschehens ist »alltäglich«, zumindest im Jerusalemer Tempel: Ein alter Priester, Zacharias (= »Gott gedenkt [seiner]«), verheiratet mit einer ebenso alten Frau, Elisabet, (= »Mein Gott ist Fülle«) hat Dienst im Tempel. Dabei erscheint ihm ein Engel, ein Bote Gottes. Das biblische Sprechen von Engeln hat sich in einem langen Prozess herausgebildet – man wollte die Jenseitigkeit und Größe Gottes nicht länger (wie in den älteren Texten der Bibel) durch ein unmittelbares Erscheinen Gottes vor dem Menschen einschränken. Deshalb wird mehr und mehr von Boten Gottes gesprochen, die in seinem Auftrag reden und handeln. Dies tut hier nicht irgendein Engel, sondern einer der höchsten, Gabriel (= »Gott [el] ist stark, [Zeugungs-]Kraft Gottes«). Wenn aber Gott einen solch bedeutenden Boten schickt, dann geschieht auch Herausragendes, dann erfüllt sich die Zeit, dann ist Endzeit, die große Wende von allem.

Geschichten mit Geburtsankündigungen gibt es in der Hebräischen Bibel eine ganze Reihe. Und sicher ist, dass

Lukas solche Texte aufgreift, um nach ihrem Vorbild seine Erzählung zu formen. Dabei ist die Erzählung von der Ankündigung der Geburt des Simson (Ri 13,2–18) gleichsam ein Modell, nach dem er sich richten kann. Wichtiger aber ist ein prophetischer Text, auf den sich Lukas mit dem künftigen Auftrag des verheißenen Kindes bezieht:

Beim Propheten Maleachi, einem Mann des 5. Jahrhunderts vor Christus, findet sich eine Gerichtsrede, in der sowohl Gericht für die Frevler, als auch Triumph für die Gerechten angekündigt wird. Doch bevor diese Weltenwende eintritt, gibt es einen Boten als Vorankündigung: »Bevor aber der Tag des Herrn kommt, der große und furchtbare Tag, seht, da sende ich zu euch den Propheten Elija. Er wird das Herz der Väter wieder den Söhnen zuwenden und das Herz der Söhne ihren Vätern, damit ich nicht kommen und das Land dem Untergang weihen muss« (Mal 3,23–24). Teilweise übernimmt Lukas diese Prophezeiung wörtlich: Damit aber erscheint Johannes als der (wiederkehrende) Prophet Elija, der auf die große Weltenwende hinweist.

Und genau das ist die Funktion, die Lukas Johannes dem Täufer in seinem Evangelium zuweist: Johannes ist der verheißene Prophet, der Vorläufer, der, der auf Jesus zeigt, auf den Mann, der ihn selber einmal an Bedeutung weit übertreffen wird.

Geburtsankündigung Jesu von Nazaret (Lukas 1,26–38)

Die Erzählung ist von ihrer Struktur her nach der Geburtsankündigung des Johannes gestaltet. Doch wird an vielen Stellen das Überbietende deutlich: Der angekündigte Jesus wird Johannes bei weitem übertreffen. Bereits im Namen der beiden Kinder klingt das an. Bedeutet Johannes »Gott hat Gnade erwiesen« – angesichts seiner Geburt im hohen Alter seiner Eltern ein passender Name –, so bedeutet Jesus »Gott rettet, Gott hilft«. Mit diesem Jesus ist die Zeitenwende erreicht, von der die Propheten gesprochen haben.

Wieder ist es Gabriel, die Kraft Gottes, der als Bote erscheint. Doch dieses Mal richtet er sich nicht im Tempel an einen Priester, sondern in einem Privathaus an eine junge Frau, die – anders als Elisabet – verlobt, aber noch nicht verheiratet ist. Wie bei Engelerscheinungen üblich, steht am Beginn ein »Fürchte dich nicht«, denn Erschrecken ist die angemessene Reaktion des Menschen angesichts der Begegnung mit Gott selbst. Doch dem »Fürchte dich nicht« ist hier noch ein anderer Gruß vorangestellt: Die Sonderstellung Mariens gegenüber Elisabet, aber auch gegenüber den alttestamentlichen Frauen, die mit Geburtsankündigungen in Verbindung gebracht wurden (etwa Sara), ist deutlich. Maria (Mirjam) ist die von Gott Erwählte, die, der Heil widerfahren ist.

Und dann spricht der Engel seine Botschaft aus, die Ankündigung des Gotteskindes, das »Sohn des Höchsten« genannt werden wird. Es soll Jesus heißen und dieser Name ist Programm. Wie Gott im Alten Testament immer wieder als der Rettende bezeichnet wird, so ist Jesus jetzt der Retter. Die Verheißungen der Propheten sind in diesem Kind erfüllt. Er ist der zweite, der überbietende David, denn die Verheißungen, die der Prophet Natan auf König David hin ausspricht, gehen in Jesus in unüberbietbarer Weise in Erfüllung. So heißt es über David: »Ich will für ihn Vater sein, und er wird für mich Sohn sein« (2 Sam 7,14) – über Jesus: »Er wird groß sein und Sohn des Höchsten genannt werden« (Lk 1,32); über David: »Dein Thron soll auf ewig Bestand haben« (2 Sam 7,16) – über Jesus: »Gott wird ihm den Thron seines Vaters David geben« (Lk 1,32); über David: »Dein Haus und dein Königtum sollen durch mich auf ewig bestehen bleiben« (2 Sam 7,16) – über Jesus: »Er wird über das Haus Jakob herrschen, und seine Herrschaft wird kein Ende haben« (Lk 1,33).

Was Lukas hier mit Worten des Alten Testaments auf Jesus hin aussagt, ist nur auf den ersten Blick über das Kind gesagt. Es gilt aber in einem viel tieferen Sinn vom auferweckten Jesus – erinnern wir uns: Das Bekenntnis zum Auferweckten und zu Gott Erhöhten war der Ausgangspunkt aller Evangelien, auch des Lukasevangeliums. Lukas lässt dieses Bekenntnis in einer verschlüsselten Weise bereits am Anfang seiner Erzählung anklingen: »Im Anfang liegt bereits der Schluss verborgen.«

Der Einwand Marias und die Antwort des Engels halten sich an das alttestamentliche Verheißungsschema. Doch ist das glaubende Ja Mariens sicher von Lukas auch als Vorbild für Glaubende überhaupt gemeint, für die Christen seiner Gemeinde, aber letztlich auch für Christen unserer Zeit: Wie Maria gilt es, zum Willen Gottes, zu seinem Plan mit den Menschen, Ja zu sagen.

Loblied des Magnificat (Lukas 1,[39–45]46–55[56])

Das Magnificat ist einer der schönsten Texte des Neuen Testaments und wird in der Liturgie der Kirche zu Recht immer wieder als Lobpreis Gottes aufgegriffen (im katholischen Stundengebet etwa als Abendlob bei der Vesper). Der Text ist bei Lukas eingebettet in eine Begegnung der beiden Mütter Elisabet und Maria. In der Tradition gilt das nahe bei Jerusalem gelegene Ain Karim als Geburtsort des Täufers. Das aber erwähnen Lukas und auch die anderen neutestamentlichen Schriften nicht.

Als Elisabet Maria sieht, bezeugen sie und zugleich das in ihr sich bewegende Kind Johannes, dass Maria Mutter des Herrn wird. Angeregt vom Geist Gottes preist Elisabet Maria selig. Auch hier greift Lukas auf eine alttestamentliche Vorlage zurück: Holofernes, der rücksichtslose Feldherr des assyrischen Königs Nebudkadnezar, belagert die jüdische Stadt Betulia. Fällt diese Stadt, ist auch Jerusalem verloren, das ganze Volk dem Untergang geweiht. Judit, eine mutige Witwe aus Betulia, wendet das Unheil dadurch ab, dass sie durch eine List Holofernes in seinem eigenen Lager tötet. Daraufhin wird sie von Usija, dem Anführer der Juden gepriesen: »Meine Tochter, du bist von Gott, dem Allerhöchsten, mehr gesegnet als alle anderen Frauen auf der Erde« (Jdt 13,18). Wenn

Lukas diese Formulierung aufgreift und auf Maria bezieht, stellt er damit Maria, das unbedeutende Mädchen aus Nazaret, in die Linie der ganz großen Frauen in der Geschichte des Volkes. Das aber ist sie aufgrund ihres Glaubens und vor allem aufgrund des Sohnes, der in ihr heranwächst. Sie ist wie Judit und wie viele andere eine von Gott Erwählte, die Rettung bzw. den Retter (»Jesus« = »Gott rettet«) bringt.

Maria antwortet bei Lukas mit dem Lobgesang des »Magnificat« (lateinisch = »Hoch preise [meine Seele den Herrn ...]«). Dieses Lied gleicht bis in einzelne Formulierungen hinein dem Loblied der Hanna (1 Sam 2,1–10), die ebenfalls erst im Alter durch das Wirken Gottes einen Sohn geboren hat: den Propheten Samuel, der eine besondere Aufgabe im Volk Israel übernehmen soll: Er wird die Könige Saul und David salben und steht deshalb an einer geschichtlichen Wende des Volkes.

Um eine solche Wende geht es auch im Magnificat, gleichsam um eine Revolution von oben her, von Gott her: Aus Erbarmen heraus bewirkt er völlig neue Verhältnisse, er erwählt ausgerechnet die Kleinen und Niedrigen. Das ist ein Grundmotiv des Lukas, das er in seinem Evangelium in der Folge immer wieder auf Jesus bezieht: Er wird zum Retter, zum Heiland der Armen. Hier an dieser Stelle, Maria in den Mund gelegt, ist dieses lobende Bekenntnis zum befreienden und erbarmenden Gott eine Deutung des Geschehens der Menschwerdung: Gottes Wort erreicht die Menschen.

Die Geburt Johannes des Täufers (Lukas 1,57–79)

Auch die Geburt des Johannes wird nur knapp erwähnt. Wichtiger ist Lukas das göttliche Zeichen, dass Zacharias seine Sprache wiedergewinnt und das Geburtsgeschehen als von Gott gewirktes Geschehen deuten und preisen kann. So schließt sich denn auch sofort der »Lobgesang des Zacharias« (das »Benedictus«) an. Wie das Magnificat blickt auch das Benedictus auf die Heilsgeschichte Gottes mit Israel zurück und gewinnt daraus das Vertrauen, dass Gott auch künftig mit seinem Volk sein werde. Johannes hat dabei einen besonderen Auftrag: Er wird Prophet, Vorläufer, Hinweiszeichen des Höchsten sein.

Die Geburt Jesu von Nazaret (Lukas 2, 1–20)

Dieser Text ist die eigentliche »Weihnachtsgeschichte«. Der Text ist dreiteilig: die Geburt (Lk 2,1–7), die Verkündigung der Geburt (Lk 2,8–14), die Bestätigung der Verkündigung durch die Hirten (Lk 2,15–20). Die Verkündigung der Geburt durch den Engel steht dabei bewusst in der Mitte: Für Lukas ist im Blick auf seine Hörer nicht die Schilderung der Geburt das Wichtigste (»eine Geburt wie jede andere auch«), sondern die Deutung dieses neugeborenen Kindes: »Es ist der Retter, der Messias (der Christus), der Herr!« (Lk 2,11) Diese zentrale Botschaft bewegt die Hirten, sie machen sich zum Kind auf und sind somit Vorbilder, wie sich glaubende Menschen ebenso zu Christus aufmachen sollen.

Durch den einleitenden Satz verbindet Lukas die Geburt Jesu mit der Weltgeschichte. Doch er stellt dem Kaiser Augustus den wahren Herrn der Welt gegenüber, dem Gebieter über viele Legionen den wahren Friedensfürst, dem Mächtigen und seinen Statthaltern das kleine, ohnmächtige Kind in der Krippe, das seine Macht nur von Gott selbst gewinnt.

Doch auch Augustus steht unter Gott, ja seine Anordnung einer Steuereintragung führt letztlich dazu, dass der Wille Gottes erfüllt wird. Es scheint heute sicher, dass es zur Geburt Jesu keine das ganze Römische Reich umfassende Steuereintragung gegeben hat, zumindest nicht in Israel, wo zu dieser Zeit noch König Herodes herrschte, der auch die Steuerhoheit hatte. Wohl aber sind aus späterer Zeit immer wieder solche Eintragungen in Steuerlisten bekannt. Dies greift Lukas auf und zeigt mit der Anbindung eines im Römischen Reich »normalen« Vorgangs an die Geburt Jesu, dass Gott auf geheimnisvolle Weise zu seinem Ziel kommt.

Der Gottessohn kommt in der Stadt Davids zur Welt – und dies ist ein Zeichen: Er ist der zweite, der überbietende David, er wird das Reich wiederherstellen, allerdings in einer anderen Weise, als man damals im Judentum erwartete. Das Thema Macht und Ohnmacht Jesu, das das Lukasevangelium durchzieht, klingt hier am Anfang ebenso an wie das Thema der Zuwendung Gottes zu den Armen.

Maria legte ihren Erstgeborenen in eine Krippe. Dies verbinden wir mit Stall, mit Ochs und Esel (von denen hier nicht die Rede ist), mit Kälte und Armut, mit Herbergssuche und Ablehnung durch die Wirte des Ortes (vgl. viele Weihnachtsspiele). Doch das ist die Interpretation unserer Zeit. Lukas erwähnt nur, dass in der Herberge kein Platz war.

Josef und Maria fanden einen anderen Ort, wo sie unterkamen. Wahrscheinlich war dies ein Privathaus oder eine in den Fels geschlagene Höhle, die zum Wohnen genutzt wurde, wie es sie in Betlehem viele gab. Bei einfachen Leuten gab es in der Regel nur einen einzigen großen Raum im Haus. Dort lebte man, dort stellte man (meist auf einer etwas tieferen Ebene als der Schlafplatz der Menschen) auch die wenigen Haustiere unter, einen Esel vielleicht, ein paar Ziegen oder einen Ochsen. Eine Krippe im »Wohnzimmer« war also nichts Ungewöhnliches. Das Wenige, das Lukas von der Geburt Jesu schildert, fällt in der damaligen Zeit durchaus nicht aus dem Rahmen des Lebens einfacher Leute. Wohl aber das, was jetzt folgt.

Dass im Zusammenhang mit der Krippe Ochs und Esel erwähnt werden (vgl. im Kapitel Brauchtum), kann sich auf eine biblische Begründung berufen, obwohl Lukas es nicht erwähnt: In einer Wehrede des Propheten Jesaja beklagt er die Untreue Israels: Es hat seinen Gott vergessen und ist dem Bund untreu geworden – dagegen »kennt der Ochse seinen Besitzer und der Esel die Krippe des Herrn« (Jes 1,3). Mit dem Kind in der Krippe nun beginnt ein neuer Bund, bei dem nicht nur die Hirten und die Weisen aus dem Osten, sondern auch die Tiere ihren Herrn kennen.

Nicht um irgendein Kind nämlich geht es, sondern um das Kind, in dem die Herrlichkeit Gottes erscheint, in dem die Zeitenwende anbricht, in dem Gottes Schalom (umfassender Frieden) die Menschen erreicht. Damit dies deutlich wird, erscheint der Verkündigungsengel, umgeben von einem Engelchor, macht also Gott selber etwas von seiner Herrlichkeit sichtbar auf dieser Erde.

Und diese Zuwendung Gottes richtet sich zuerst an die Hirten. Das waren damals meist arme Leute in Israel, die nicht geschätzt wurden, sondern denen man mit Misstrauen begegnete. Sie konnten aufgrund ihres Berufes nicht die jüdischen Reinheitsvorschriften einhalten, auch nicht die vielen Gebote des jüdischen Gesetzes (etwa Sabbatruhe). Arme und keineswegs »fromme« Leute also am Rand der Gesellschaft – und ausgerechnet die erfahren zuerst von Jesus. Wieder ist für Lukas das Thema »Gottes Zuwendung zu den Armen« entscheidend. Sie werden angesprochen – und sie geben Antwort auf Gottes Wort.

Anders als die Schriftgelehrten, von denen Matthäus erzählt, dass sie zwar in den Heiligen Schriften Bescheid wussten, aber in Jerusalem blieben und sich nicht auf den Weg nach Betlehem machten, gehen die Hirten los – sofort und ohne Bedingung. Die Hirten werden dadurch für Lukas zu einem ersten Modell glaubender Menschen; sie wenden sich dem Kind und damit Gott zu: »Die Hirten kehrten zurück, rühmten Gott und priesen ihn für das, was sie gehört und gesehen hatten« (Lk 2,20). Der himmlische Engelchor findet in den armen Hirten sein Gegenstück auf der Erde. Himmel und Erde verweisen auf dieses Kind – die Geburt Jesu, das ist, als »ob der Himmel die Erde berührt«.

Zeugnis des Simeon und der Hanna (Lukas 2,21–40)

Es war vom jüdischen Gesetz her keineswegs zwingend notwendig, einen neugeborenen Sohn in den Jerusalemer Tempel zu bringen. Gewiss musste der Erstgeborene durch eine

Opfergabe an die Leviten (Priester) »ausgelöst« werden, eine Erinnerung an die Unterdrückungszeit in Ägypten, wo Gott die Erstgeborenen der Israeliten verschonte. Gewiss musste eine Frau nach der Geburt ein Opfer bringen, weil sie nach jüdischer Sicht als »unrein« galt. Aber dies war beides nicht auf den Tempel bezogen. Doch Lukas geht es darum, dem nun folgenden Zeugnis einen angemessenen Ort zu geben: Ein erstes Mal kommt Jesus in das »Haus Gottes«, damit in sein Haus (vgl. Lk 2,41–52: den zwölfjährigen Jesus im Tempel), und dort trifft ihn das glaubende Bekenntnis zweier Menschen, die das jüdische Volk repräsentieren, Simeon und Hanna.

Simeon ist kein Priester, wohl aber ein »Gerechter«, d. h. einer, der ganz und gar Gott vertraut und von ihm Hilfe erwartet. Dieser Simeon, ein einfacher Mensch wie die Hirten, sieht das Kind – ein Kind wie viele andere –, nimmt es in seine Arme und spricht einen Lobpreis, der – wie könnte es bei Lukas (und Matthäus) anders sein – geprägt ist von alttestamentlichen Zitaten. So heißt es bei Jesaja: »Ich habe dich geschaffen und dazu bestimmt, der Bund für mein Volk und das Licht für die Völker zu sein« (Jes 42,6). Und an einer anderen Stelle: »Ich mache dich zum Licht für die Völker; damit mein Heil bis an das Ende der Erde reicht« (Jes 49,6).

Genau darum geht es bei diesem Kind: Es ist Gottes Licht in der Dunkelheit der Welt (vgl. auch den Anfang des Johannesevangeliums: »Das wahre Licht kam in die Welt«, Joh 1,9). Es ist bestimmt, Gottes Heil zu bringen, zum Heiland zu werden. Es ist bestimmt, den Bund Gottes mit seinem Volk zu erneuern und auf alle Völker auszuweiten.

Ein Zeuge ist nach jüdischem Recht nicht genug. So tritt ein zweiter auf, eine Frau (die eigentlich in einem jüdischen Rechtsverfahren kein Zeuge sein konnte), Hanna. Doch auch sie gehört zu den Frommen, als Witwe auch zu den Armen. Sie bestätigt das Zeugnis des Simeon, verkündet gleichsam als erste »Apostolin« die Frohe Botschaft von diesem Jesus, in dem Gottes Erbarmen die Menschen erreicht.

Von Kindheit und Jugend Jesu berichtet Lukas nichts. Er schreibt ja auch keine Biografie, sondern erzählt, um punktuell eine theologische Deutung, ein Bekenntnis zu Jesus vorzustellen, das seine Hörer ebenso zu einem Bekenntnis führen soll: Dieser Jesus, ist der Messias, der Christus. (Nur einige apokryphe, kirchlich nicht anerkannte Evangelienschriften erzählen fantasievolle Geschichten aus der Kindheit Jesu und sind deshalb auch nicht als Schriften des Neuen Testaments akzeptiert.)

Das Lukasevangelium macht nur eine Ausnahme: Es berichtet vom zwölfjährigen Jesus im Tempel – auch dies ist aber eine theologische, keine biografische Erzählung. Es geht auch hier um eine theologische Deutung dieses Jesuskindes am Übergang vom Kindsein zum Mannsein.

Jesus ist nicht allein eingebunden in seine Familie, sondern auch in sein Volk, in dessen Bräuche und religiösen Vorschriften. Jesus ist Jude und so zieht er, jüdischem Brauch gemäß, zum Paschafest mit seinen Eltern nach Jerusalem. Hier nun geschieht Eigenartiges: Auf dem Rückweg vermissen Josef und Maria ihren Sohn – bei einer großen Reisegruppe musste das nicht sofort auffallen, Heranwachsende gehen da nicht immer mit ihren Eltern, sondern machen sich selbstständig.

Doch die Selbstständigkeit Jesu zeigt sich in einer völlig anderen Weise. Er ist in Jerusalem im Tempel geblieben, wo die Schriftgelehrten über Fragen des Glaubens diskutieren. Als seine Eltern ihn dort finden und ihm Vorhaltungen machen, weist er sie in schroffer Form ab: »Wusstet ihr nicht, dass ich in dem sein muss, was meinem Vater gehört?« (Lk 2,49)

Am Ende seiner »Kindheitsgeschichte« macht Lukas mit diesem Satz noch einmal deutlich, worum es bei Jesus geht: nicht um irgendeinen Menschen, nicht um irgendein Kind, sondern um den Sohn Gottes, denjenigen, der Gott und Mensch verbindet, in dem sich Himmel und Erde umarmen.

Weihnachten –
die Deutung der Theologie

Der Mensch war Gottes Bild.
Weil dieses Bild verloren,
wird Gott ein Mensch,
in dieser Nacht geboren.
Andreas Gryphius (1616–1664)

Die Besinnung auf die biblischen Texte im vorangegangenen Kapitel hat bereits eine Fülle theologischer Deutungen von Weihnachten aufgezeigt, denn diese Erzählungen der Bibel von der Geburt Jesu (ebenso das ganze Neue Testament) sind – so wurde deutlich – keine historischen Texte, sondern glaubende und bekennende Deutungen des Christusgeschehens, durch die zu einer eigenen Stellungnahme, zu einem eigenen Bekenntnis ermuntert werden soll.

Dennoch macht es Sinn, noch einmal ausdrücklich danach zu fragen, was Weihnachten aus der Sicht des christlichen Glaubens zu bedeuten hat. In einer theologischen Besinnung soll deutlich werden, dass Weihnachten und seine Botschaft nicht nur ein stimmungsvolles Fest sind, sondern in die Mitte des christlichen Glaubens führen. Diese Besinnung (gleichsam ein christliches Glaubensbekenntnis) geschieht in vier Schritten:

– *Jesus* kommt in die Welt –
  Weihnachten sagt etwas über Jesus aus.
– *Gott* kommt in die Welt –
  Weihnachten sagt etwas über Gott aus.
– *Licht* kommt in die Welt –
  Weihnachten sagt etwas über das Leben der Menschen aus.
– *Hoffnung* kommt in die Welt –
  Weihnachten sagt etwas über das Heil der Menschen aus.

Jesus kommt in die Welt –
Weihnachten sagt etwas über Jesus aus

In der Kathedrale St. Julien in der französischen Stadt Le Mans gibt es unter den berühmten gotischen Glasfenstern ein Bild, das die Szene der Geburt Jesu darstellt mit Maria und Josef und mit der Krippe in der Mitte – aber die Krippe ist leer, es liegt kein Kind darin. Wohl kaum ist das Kind vom Künstler einfach vergessen worden; aber was hat ihn bewegt, die Mitte leer zu lassen? Vielleicht wollte er besonders auf die Mitte aufmerksam machen, die Besucher der Kirche auch vor die Frage stellen: Was ist für dich die Mitte dieser biblischen Erzählung und damit des Weihnachtsfestes?

Dies ist eine Frage, der sich unsere Zeit mehr denn je stellen muss. Haben wir nicht oftmals die Mitte, das Kind, Jesus verloren – und dies ohne dass uns dieser Verlust besonders zu schaffen macht? Im Trubel der Vorweihnachtszeit und der Weihnachtstage fällt das oft gar nicht auf; doch der innere Sinn der Weihnacht verschwindet auf diese Weise immer mehr, es bleibt eine äußere Schale: Wie eine taube Nuss kann Weihnachten dann sein.

Vielleicht hatte der mittelalterliche Künstler auch einen anderen Gedanken bei seiner leeren Krippe: Vielleicht wollte er bewusst nicht das *Kind* Jesus zeigen, weil für ihn Jesus mehr ist als ein Kind: Die Bedeutung Jesu liegt im erwachsenen Menschen, der sich für die Menschen eingesetzt hat und ihnen in Liebe zugewandt war – so sehr, dass er sein eigenes Leben nicht verschonte. Also nicht das Kind ist wichtig, sondern wichtiger ist der Gekreuzigte und Auferstandene.

Der Blick heute wie zu allen Zeiten darf nicht am kindlichen Jesus hängen bleiben, doch vielen geht das so: Für sie ist Jesus nur das *Christkind*. Nach Weihnachten aber spielt dieses Christkind keine Rolle mehr, es hat zu warten bis zum nächsten Weihnachtsfest. Die leere Krippe stört ein solches Verständnis, macht nachdenklich: Wer ist Jesus für mich, welches Jesusbild habe ich? Schaue ich über die Krippe hinaus auf den Weg Jesu bis hin zum Kreuz und über das Kreuz hinaus? Bekenne ich im Kind Jesus die Zuwendung Gottes zum Menschen, und ebenso im Erwachsenen, im Gekreuzigten, im Auferweckten?

Die leere Krippe dieses Glasfensters formuliert geradezu einen Auftrag: Es gilt, diese Leere zu füllen durch die Beschäftigung mit Jesus, durch das Bekenntnis zu ihm, durch die Bindung an ihn und die Nachfolge.

Verdeutlichen wir uns im Einzelnen, was Weihnachten über Jesus aussagt und füllen wir so die »Leere unserer Zeit« mit dem Bekenntnis zu diesem Christus Gottes:

Jesus wird in den biblischen »Weihnachtsgeschichten« nüchtern als Mensch wie andere Menschen geschildert. Von seinen Eltern wird erzählt, es klingt etwas von der Mühe ihres Alltags an, wenn sie einen weiten Weg zurückzulegen haben, sich um Herberge mühen müssen, wenn die Geburt des Kindes unter einfachen Verhältnissen erzählt wird. All das sind geradezu »alltägliche« Verhältnisse: Ein Mensch wird geboren, einer unter Milliarden, in einem winzigen Nest im Nahen Osten, unter schwierigen Bedingungen – so wie auch heute bei der Mehrheit der Menschheit.

Dies ist eine erste Linie, die von den Evangelisten, besonders von Lukas, in ihren ganzen Evangelien durchgehalten wird: Dieser Jesus aus Nazaret (aus Betlehem?) ist Mensch wie wir. Er aß und trank, feierte und litt, freute sich und weinte. Er hatte Familie und Freunde und erlernte wie damals üblich den Beruf seines Vaters. Er war eingebunden in sein Volk mit dessen vielfältigen Bräuchen und Ritualen von der Beschneidung bis zum Sabbat, von Reinigungsriten bis zum Pascha. Er war eingebunden in die Religion dieses Volkes, in den jüdischen Glauben; die Hebräische Bibel (in etwa das christliche Alte, Erste Testament) war seine Bibel, die er kannte und die er wie jeder jüdische Mann auch in der Synagoge auslegte. Kurzum – ein Mensch wie viele.

Und doch war dieser Jesus mehr. Denn ein paar Jahrzehnte nach seiner Geburt waren einige Menschen davon überzeugt, dass dieser Mann etwas Besonderes war, dass er gleichsam den Mittelpunkt der Weltgeschichte darstellte. Und noch später wird sogar die Zeit nach ihm berechnet: *vor* und *nach* Christi Geburt.

Dieser eine unter so vielen hat das Leben von Milliarden Menschen, ja das Leben der Menschheit überhaupt verändert. An ihm schieden sich damals und scheiden sich heute noch die Geister: Nie ist ein Mensch so sehr geliebt worden. Nie ist ein Mensch auch so sehr gehasst worden.

Und dies alles deshalb, weil im Leben dieses Menschen, vor allem in seinem Sterben und in den Erfahrungen, die seine Jünger nach seinem Tod mit ihm machten, etwas anklingt, was Menschsein und menschliches Leben bei weitem übersteigt: In diesem Jesus scheint Gott auf, wird Gott sichtbar und erfahrbar. Dieser Jesus öffnet den Horizont derer, die sich an ihn binden und an ihn glauben. Er weitet den Blick und macht den verborgenen Gott sichtbar, spürbar, erfahrbar mitten in unserer Welt.

Wer also etwas von Gott wissen will, kann auf diesen Jesus schauen, seine Botschaft vom Reich Gottes hören, seinen Umgang mit den Menschen wahrnehmen. Vor allem aber gilt es, ihm nachzufolgen. Dieser Jesus ist Weg zu Gott, Brücke in ein neues Land, Tor in eine neue Wirklichkeit. In ihm kommt Gott uns nahe, in ihm hat der Himmel die Erde berührt, Gott die Menschen.

Trotz allem aber bleibt er unser Bruder, ist er nicht weit von uns weg, in die Ferne abgehoben. Er kennt Freude und Leid, er kennt das menschliche Leben, ja mehr noch: In ihm strahlt auf, was menschliches Leben wirklich sein kann, wenn es seine Möglichkeiten ausschöpft: voller Güte, Erbarmen, Liebe und Menschenfreundlichkeit, Vergebung und Versöhnung schenkend, Gemeinschaft schaffend – kurzum Heil bringend. Wer also mehr vom Menschen wissen will, der sieht auf diesen Jesus. Er ist der Maßgebende, der Maßstab unseres Lebens. Von ihm her gewinnt menschliches Leben seinen Sinn.

Der Name dieses Jesus ist Programm: Er ist der Retter, durch den »Gott hilft«. Somit können wir von Jesus her über Weihnachten sagen:
Gott wird Mensch, um uns Rettung und Hilfe zu schenken.

Gott kommt in die Welt –
Weihnachten sagt etwas über Gott aus

Das Sprechen von Gott ist schwierig geworden in unserer Zeit. Nicht allein, dass eine Fülle von unterschiedlichen Gotteserfahrungen auch verschiedener Religionen ein reiches, aber auch komplexes, manchmal sich widersprechendes Bild von Gott zeigen. Für viele ist Gott auch in solch weite Ferne gerückt, dass er mit unserem Leben hier auf der Erde nichts mehr zu tun zu haben scheint. Gott ist – wenn er überhaupt ist – der Ferne, Unsagbare, Unbegreifliche, ja der Abwesende, der, der sich zurückgezogen hat. Wo nämlich ist noch etwas von Gott in unserer Gesellschaft, in unserer Kultur, in unserer Zeit zu spüren? Wo macht Gott sich bemerkbar, wo greift er in das Leben ein? Auf welche Weise macht sich Gott erfahrbar?

Die Erfahrung der Abwesenheit und Fremdheit Gottes prägt den Glaubensweg vieler Menschen. Anders als zu früheren Zeiten spielt Gott im Alltag keine Rolle mehr. Anders als früher kann man ganz gut ohne ihn leben, ohne das Bekenntnis zu ihm und ohne religiöse Riten, die ihn verehren. Gott ist nicht mehr in unserer Welt.

Gegen dieses Denken, gegen solche Erfahrungen spricht ein weiterer Akzent von Weihnachten und weihnachtlicher Feier. Weihnachten wird erklärt als Menschwerdung Gottes. So eigenartig eine solche Erklärung auch erscheinen mag, sie macht etwas Wesentliches über Gott und über den Menschen deutlich. Das Sprechen von der Menschwerdung Gottes ist nicht nur ein theologisches Schlagwort, sondern führt wesentlich zum Sinn menschlichen Lebens.

Denn was heißt das: »Gott wird Mensch«? Wir haben in der deutschen Sprache eine Redewendung, die Distanzierung und Abwendung ausdrückt: »In deiner Haut möchte ich nicht stecken.« Weihnachten, Menschwerdung Gottes, meint nun genau das Gegenteil. Gott spricht zum Menschen: »Mensch, in deiner Haut möchte ich stecken; ich will dir nahe sein – hautnah.« Weihnachten heißt: Gott bewegt sich auf uns zu, mehr noch, er bewegt sich in uns hinein, steckt seitdem in der Haut eines Menschen, in unserer Haut. Er bindet sich in seiner Menschwerdung in Jesus genauso an menschliche Freude und menschliches Leid, wie alle Menschen daran gebunden sind. Er geht einen menschlichen Lebensweg mit Höhen und Tiefen, wird verletzlich, ohnmächtig. Der Weg Jesu zum Kreuz und sein Tod am Kreuz zeigt in letzter Konsequenz auf, worin die Menschwerdung Gottes bestehen kann: Er schenkt sich dem Menschen voll und ganz, ohne Grenze.

Diese unbedingte Zuwendung und Liebe Gottes, die Christen in der Menschwerdung bekennen, ist das wesentliche Element eines christlichen Gottesbildes. Gewiss, auch der christliche Glaube kennt vielseitige Gotteserfahrungen, lässt auch die dunklen Seiten Gottes ahnen, muss vor dem unbegreiflichen Rätsel Gottes schweigen. Aber dennoch: An Weihnachten wird das Geheimnis Gottes aufgebrochen und zwar von Gott selbst, der sagt: »Seht, in diesem Kind könnt ihr mich erkennen, könnt ihr mir begegnen, könnt ihr zu mir finden. Seht, in diesem Menschen Jesus mache ich mich greifbar, auch angreifbar. Seht, in diesem Jesus bin ich voll und ganz mit euch.«

Dies klingt in einem Ehrentitel an, den Christen, auf jüdischer Tradition fußend, Jesus in späteren Zeiten gegeben haben: Jesus ist der Immanuel – der »Gott-mit-uns«. Er vermittelt die Liebe und Zuwendung Gottes, er führt die Menschen hin zu Gott, ist nicht nur Wegweiser in seinem Lehren und Predigen, sondern selber der Weg.

Gott steckt in Jesus in der Haut eines Menschen, und er macht diesen Menschen Jesus dadurch zu etwas Herausragendem, zu einem, der alles übersteigt, der, wie es der Philipperbrief mit den Worten eines alten Liedes ausdrückt, über alle erhöht wird: »Darum hat Gott ihm den Namen verliehen, der größer ist als alle Namen, damit alle im Himmel, auf der Erde und unter der Erde ihre Knie beugen vor dem Namen Jesu und jeder Mund bekennt: Jesus Christus ist der Herr!« (Phil 2,9–11)

Wenn aufmerksame Zeitgenossen sich also fragen, wo Gott heute in einer Welt voll Hunger und Krieg und Gewalt steckt, dann versuchen Christen darauf eine Antwort zu geben: Gott, der Unnahbare und Unbegreifliche ist Mensch geworden, ist in unsere Konflikt- und Leidenswelt hinabgestiegen. Wir brauchen ihn nicht länger »oben« zu suchen, im schönen Jenseits, in den paradiesischen Himmeln, sondern hier, im Schmutz und Elend unserer Welt. Dort, wo es so unmenschlich, so ungerecht, so unversöhnlich zugeht, da können wir ihn suchen – und da ist er zu finden!

Der Mensch ist somit nach der Geburt Jesu das Einfallstor Gottes in unsere Welt. Er ist nicht ein Gott »droben überm Sternenzelt«, sondern unten, inmitten von uns Menschen. Dies birgt die Gefahr in sich, dass er verkannt wird – und die Geschichte Jesu, sein Kreuz und sein Sterben, hat diese Gefahr nur zu sehr deutlich werden lassen. Und er wird weiterhin verkannt, weil er im Menschen verborgen ist – das Kreuz ist uns geblieben.

Gott also wird erfahrbar, lässt sich erfahren im Stückwerk zerbrechlichen Menschenlebens. Aber warum das alles? Warum ist Gott Mensch geworden? Sicher nicht, weil *er* es nötig hatte. Sondern ganz einfach, weil *Menschen* es nötig hatten, weil *wir* es noch immer nötig haben. Menschen brauchen in einer zerbrechlichen und geschundenen Welt ein Licht der Hoffnung. Sie brauchen ein Vorbild uneingeschränkter Menschlichkeit. Sie brauchen einen Menschen, um selber Mensch zu werden. Sie brauchen ein Licht in der Dunkelheit, damit das Leben erneut hell wird. Sie brauchen Liebe, seine Liebe, damit ihr Leben lebenswert ist.

Somit können wir von Gott und seiner Menschwerdung her über Weihnachten sagen:
Gott wird Mensch, um uns seine Liebe zu schenken.

Licht kommt in die Welt –
Weihnachten sagt etwas über das Leben der Menschen aus

Eines ist sicher: Was Menschsein ausmacht, was an Fülle von Möglichkeiten, von Liebe und Güte, von Erbarmen und Glück in uns steckt, das leben wir nur zum allerkleinsten Teil. Immer stecken wir Menschen in einem Gemisch von Gutem und Bösem, von genutzten Fähigkeiten und verpassten Chancen, von Erfolg und Enttäuschung, von Glück und Leid, von Licht und Dunkelheit, von Leben und Tod.

Weihnachten erinnert uns daran, dass es mehr gibt, dass Menschsein mehr ausmacht als das, was wir jeden Tag mit uns selber und mit anderen erleben: Die Menschwerdung Gottes kann für uns die unüberbietbare Chance sein, selber Schritte auf dem Weg unserer eigenen Menschwerdung zu gehen: Gott nimmt uns mit auf seinen Weg, er macht Frieden und Liebe neu möglich. Wer Weihnachten nicht oberflächlich begeht, sondern sich an diesem Fest auf die Menschwerdung Gottes besinnt, der blickt neu auf das, was Menschen möglich ist. Vielleicht macht gerade dies die Faszination aus, die Weihnachten immer noch hat: Wir ahnen in diesem Kind etwas von dem, was auch wir sein können.

Aber es geht nicht allein um das, was wir sein können, wenn wir uns neu auf Gott ausrichten. Es geht auch um unser Leben, um die Lebensumstände in einer Welt, die so viel an Dunkelheit und Problemen kennt, die zerrissen ist in Streit und Auseinandersetzungen, die geprägt ist von Ungerechtigkeit, von Überfluss für die wenigsten und das Fehlen des Lebensnotwendigen für so viele. Weihnachten will uns die Chance zu einem Neubeginn schenken, erinnert uns an die zum Leben unerlässliche Versöhnung, mahnt uns zu gerechtem Teilen, weckt neue, gute Seiten in uns. Weihnachten führt uns zur Menschenfreundlichkeit, weil wir die Menschenfreundlichkeit Gottes am eigenen Leib erfahren.

Weihnachten ist die Chance, wirklich Mensch zu werden. Und die Chance, ein Licht anzuzünden dort, wo es dunkel ist. Dies hat der Dichter Reinhold Schneider als die Aufgabe der Christen benannt: »Ein Christ soll dahin gehen, wo es dunkel ist. Er soll dort Licht sein!«

Mitten in der vielfältigen Dunkelheit unserer Welt sollen Christen aus der Erinnerung an den menschgewordenen Gott heraus und durch ihr Denken und Reden, ihr Handeln und ihre Liebe die Welt heller machen. Dies ist der bleibende Auftrag, den Matthäus in der Bergpredigt so formuliert: »Ihr seid das Licht der Welt ... So soll euer Licht vor den Menschen leuchten, damit sie eure guten Werke sehen und euren Vater im Himmel preisen« (Mt 5,14.16). Christen spüren an Weihnachten das Licht Gottes, und ihr durch Gottes Geschenk hell gewordenes Leben bringt sie dazu, selber Licht zu schenken. Als Beschenkte schenken wir. Und so werden wir neue Menschen.

Ein anderer Gedanke gehört in diesen Zusammenhang der Menschwerdung des Menschen: Weihnachten schafft durch die Zuwendung Gottes zum Menschen in Jesus eine neue Gemeinschaft, die Gemeinschaft derer, die sich zu diesem Jesus Christus bekennen. Weihnachten ist ein Familienfest, das ist unbestritten die Meinung vieler. Christen aber deuten dieses Familienfest in anderer Weise: Weihnachten ist das Fest *seiner* Familie, der neuen Familie Jesu, der Gemeinschaft, die sich auf ihn beruft, die ihm zu folgen versucht und seine Botschaft von der Liebe Gottes weiterträgt. Weihnachten ist das Fest der Familie Gottes.

So überspringt die Botschaft von Weihnachten auch die Grenzen zwischen Menschen. Man hält an Weihnachten wenn auch nicht Frieden, so doch zumindest einen Waffenstillstand. Man stellt mancherlei Konflikte und Streitpunkte zurück. Man bemüht sich – im Großen wie im Kleinen – um

Harmonie. Klar, dass diese Harmonie Menschen nicht immer gelingt. Aber Weihnachten erinnert immer wieder daran: Es darf nicht vergessen werden, dass mehr und Besseres möglich ist, in den menschlichen Beziehungen des persönlichen Umfeldes ebenso wie in den Verhältnissen der Welt. Weihnachten hat somit revolutionären Charakter, es will dazu beitragen, unsere heutige Welt grundsätzlich zu verändern.

Wenn wir so denken und vor allem so zu leben versuchen, können wir vom Menschen her über Weihnachten sagen:

Gott wird Mensch, damit der Mensch Mensch wird.

Hoffnung kommt in die Welt –
Weihnachten sagt etwas über das Heil der Menschen aus

Das Weihnachtsfest kennt eine ganz besondere Stimmung, die sich unter den Festen im Jahreskreis heraushebt. Das Zusammensein in der Familie, Glockengeläut und Geschenke, der Christbaum mit seinem Schmuck und die Krippe, Musik und Lichter – all dies und vieles mehr künden von dieser Stimmung.

Man kann Weihnachten als stimmungsvolles Fest kritisieren, und natürlich gibt es fürchterlichen Kitsch und die Manipulation von Gefühlen, oberflächliche Gefühlsduselei, die Gefahr zu meinen, dass man an Weihnachten Stimmung kaufen kann. Solch kritische Anfragen an Weihnachten, oft von jungen Menschen geäußert, haben durchaus ihre Berechtigung. Sie sind hilfreich, denn sie können dazu beitragen, zwischen Wesentlichem und Unwesentlichem zu unterscheiden. Sie können helfen, zu einer Form des Feierns zu finden, die für unsere Zeit angemessen ist.

Dennoch sagt die »Weihnachtsstimmung« eines in aller Deutlichkeit aus: Sie spricht von einer *Grundsehnsucht* der Menschen zu allen Zeiten und an allen Orten, der Sehnsucht, dass die Welt endlich einmal stimmt, in sich stimmig wird. Weihnachten hat zu tun mit der berechtigten Sehnsucht der

Menschen nach Geborgenheit, nach Wohlfühlen, nach Heimat, nach Sicherheit, nach Gemeinschaft, nach einem gelingenden Leben.

Weihnachten lässt den Menschen über den Horizont seiner Welt hinausschauen, lässt ihn auch spüren, wo sein eigenes Leben, die anderen Menschen, ja die ganze Welt noch unvollkommen, noch nicht am Ziel angelangt sind: Einsamkeit, Krankheit und Leid stören an Weihnachten in besonderer Weise und fallen deshalb auf. Gerade an Weihnachten werden die Grundfragen des Menschen wieder bewusst: Was stimmt mit unserer Welt nicht? Wie kann unsere Welt stimmig werden?

Gewiss, viele halten solche tiefen Fragen nicht aus und flüchten davor in Betriebsamkeit und Oberflächlichkeit, die auch viele Weihnachtsfeiern prägen. Doch bietet Weihnachten die Chance, einmal die Stimmigkeit, die Erfülltheit und Vollendung des Lebens mit dem Wirken Gottes in eins zu bringen: In Jesus zeigt sich, wie ein Mensch stimmig werden kann, wie ein Mensch mit Gott übereinstimmt und somit sein Ziel erreicht. Und weiter noch: Jesus zeigt in seinem Reden und Handeln immer wieder auf, wie auch andere stimmig werden können. Die Wunder etwa, gleich was nun konkret dahinter steht, sind dafür Zeichen und Beispiele: Gebrochenes, eingeengtes, behindertes Leben gewinnt einen neuen Horizont, eine neue Stimmigkeit, wird ge»heil«t.

Es geht an Weihnachten um Befreiung und Aufbruch, es geht um den Neubeginn einer stimmigeren Welt. Es geht um unsere Sehnsucht, über uns und die Begrenztheit unseres Lebens hinaus zu gelangen und den Tod, die letzte Grenze des Lebens, zu überwinden.

Weihnachten ist aus dieser Perspektive überraschenderweise auch ein Auferstehungsfest, ein österliches Fest: Mitten in der Dunkelheit erstrahlt ein Licht, wird neues Leben möglich; mitten in der Gebrochenheit und der Disharmonie menschlicher Lebenswege eröffnet sich ein neuer Weg. Mitten in der allgegenwärtigen Bedrohung durch den Tod und in den vielen kleinen Toden des Alltags geschieht Auferstehung – in diesem Kind, in diesem Jesus.

Weihnachten ist das Fest des neuen, von Gott geschenkten Lebens – dies nicht allein im Blick auf das Kind Jesus, sondern im Blick auf die Menschheit, auf unser aller Leben. Wir können an Weihnachten eine Perspektive der Hoffnung gewinnen, die uns aufatmen lässt. Genau das macht die Faszination von Weihnachten aus.

In diesem Kind macht Gott sich stark für die Rettung der Welt, für die Zukunft der Menschen. Er beantwortet unsere Sehnsucht nach Stimmigkeit, nach einem gelingenden Leben durch Jesus, schenkt in ihm Heil und Rettung. Somit bleiben wir nicht auf die enge Sicht unserer Erde beschränkt, wir nehmen Gott mit in unser Leben hinein – wie er umgekehrt seinen Platz in menschlichem Leben sucht.

Gott sucht in der Menschwerdung sein Unterkommen bei uns. Gottes zweite Heimat ist fortan der Mensch. Das ist Weihnachten. Aber das Umgekehrte gilt auch: Der Mensch sucht an Weihnachten neu sein Unterkommen bei Gott, er sucht als zweite Heimat Gott.

Somit können wir von der menschlichen Hoffnung her über Weihnachten sagen:
Gott wird Mensch, damit der Mensch aufsteigen kann zu ihm.

Das also ist die Botschaft von Weihnachten:
* *Gott wird Mensch, um uns Rettung und Hilfe zu schenken.*
* *Gott wird Mensch, um uns seine Liebe zu schenken.*
* *Gott wird Mensch, damit der Mensch Mensch wird.*
* *Gott wird Mensch, damit der Mensch aufsteigen kann zu ihm.*

Advent – Botschaft und Deutung

Weihnachten
kann man nicht so einfach feiern.
Für ein gutes Weihnachten
braucht man Vorbereitung.

Name und Entstehung

Der Name Advent kommt aus dem Lateinischen: »adventus domini« = »*Ankunft des Herrn*«. Die Adventszeit ist demnach eine Vorbereitungszeit, die auf Weihnachten, den Tag der Geburt Jesu (=Ankunft des Herrn), hingeordnet ist.

Dabei orientiert man sich an der Vorbereitungszeit auf Ostern, der Fastenzeit (Österliche Bußzeit), die ebenso zu Ostern hinführen soll wie der Advent zu Weihnachten. Entsprechend der höheren Bedeutung des Osterfestes ist seine Vorbereitungszeit in der Geschichte der Christen allerdings länger und intensiver gestaltet worden, etwa durch anspruchsvollere Fastenvorschriften.

Bereits gegen Ende des vierten Jahrhunderts lassen sich erste Spuren eines dreiwöchigen Advent in Spanien und Gallien nachweisen. In den folgenden beiden Jahrhunderten wurde dies verstärkt, teilweise gab es – in Parallele zur Fastenzeit – auch eine sechs Wochen umfassende Adventszeit in Rom, die Papst Gregor der Große zu Beginn des siebten Jahrhunderts auf vier Wochen beschränkte. Nur in Mailand hat sich bis heute ein lokalkirchlicher Brauch von sechs Wochen gehalten.

Eine alte Tradition weist den vier Adventssonntagen verschiedene Metalle zu, die ihre wachsende Nähe zu Weihnachten durch den Wert der Metalle deutlich machen: Der erste Advent ist der eiserne Adventssonntag, der zweite Advent der kupferne, der dritte Advent der silberne und der vierte Advent der goldene Adventssonntag. Mit ihm beginnt die heilige

Woche der Geburt Jesu, die Weihnachtswoche (entsprechend der am Palmsonntag beginnenden Heiligen Woche [Karwoche] vor Ostern).

Mit dem ersten Adventssonntag beginnt das neue Kirchenjahr. Während das bürgerliche Jahr zwar die Monatsrechnung der Römer aufgreift, aber den Jahresbeginn nicht im März (Aufbruch aus der Kälte des Winters in den Frühling) ansiedelt, sondern im ersten Monat nach der Wintersonnenwende, setzt das Kirchenjahr mit dem vor Weihnachten liegenden Advent einen theologischen Akzent: Es gilt, sich am Beginn des (kirchlichen) Jahreskreises bereit zu machen für den Herrn, dessen Ankunft angekündigt ist und bald erfolgen wird. Die im Evangelium gepriesene Tugend der Wachsamkeit (vgl. Mt 25,1–13: das Gleichnis von den zehn Jungfrauen, aber auch den Ruf Jesu in der Endzeitrede: »Seid also wachsam« [Mk 13,35 und ähnlich bei den anderen Evangelisten]) ist bewusst mit dem Beginn des Kirchenjahres verknüpft.

Die Botschaft des Advent

Der Advent gilt vielen Menschen als die schönste und stimmungsvollste Jahreszeit. Nicht allein Familien mit Kindern, auch viele Erwachsene empfinden in diesen vier Wochen die besondere Atmosphäre des Advent, sind nicht bloß von den äußerlichen Vorbereitungen auf Weihnachten geprägt, sondern ebenso von einem Einstimmen auf das kommende Fest, von einem inneren »Stimmig-Werden«, von einer tiefen Sehnsucht nach Harmonie und innerem und äußerem Frieden. Die jüdische Schriftstellerin Nelly Sachs (1891–1917) sagte einmal: »Alles beginnt mit der Sehnsucht.« Auch das Kirchenjahr.

Auf den ersten Blick ist der Advent allein auf Weihnachten ausgerichtet, gewinnt nur von dort seinen Sinn und seine Bedeutung. Doch das ist ein Trugschluss. Für den Glaubenden geht die Bedeutung des Advent viel weiter und tiefer.

Auch ohne das folgende Weihnachtsfest macht der Advent Aussagen, die zum Kern des christlichen Glaubens gehören, und es lohnt sich, ihnen nachzuspüren.

Warten:
Ein Erstes, das Kindern wie Erwachsenen oft genug schwer fällt, ist das Warten. Advent ist Wartezeit, und dies sollte bei der Gestaltung berücksichtigt werden: nicht vorgezogene Weihnachtszeit also (mit Weihnachtsfeiern, Weihnachtsliedern, vielleicht schon Christbäumen und weihnachtlichem Brauchtum an jeder Ecke), sondern eine Zeit des Ausblicks, der Sehnsucht und der Erwartung – noch keine Erfüllung: Advent ist nicht gleich Weihnachten!

Doch Warten können ist eine hohe Kunst menschlichen Lebens. In vielfacher Weise scheint unsere Gesellschaft das Warten verlernt zu haben – es geht um sofortigen, schnellen Konsum, um die rasche Erfüllung der persönlichen, vor allem der materiellen Wünsche. Warten aber meint ein Dreifaches:

• *Nichts vorwegnehmen:* Das Eigentliche kommt erst noch. Wenn man es vorwegnimmt, beraubt man sich des wirklich Wertvollen. Auf das Weihnachtsfest bezogen heißt ein solches »Nichts-Vorwegnehmen«: keine Weihnachtsfeier mit Stille Nacht und Christbaum in den Wochen des Advent, sondern Adventsfeiern mit ihrem ganz anderen Charakter des Ausblicks und der Besinnung. Im persönlichen Bereich lässt sich dies relativ leicht einrichten, im öffentlichen Bereich schon schwerer, doch auch hier kann man Einfluss nehmen.

• *Sich freuen dürfen:* Man sagt, dass die Vorfreude die schönste Freude ist. Dies gilt auch für den Advent. Viele Adventsbräuche (s. u.) pflegen die Vorfreude: Adventskranz und Adventskalender (ein *Warte*kalender) tragen zu einer immer stärker werdenden Spannung bei, verstärken die Sehnsucht nach dem Kommenden. Die Pflege des reichhaltigen Adventsbrauchtums hilft in dieser Zeit des Wartens.

• *Sich bescheiden können:* Im Advent gilt es, nicht einfach aus dem Vollen zu schöpfen, sondern sich auf das Wesentliche zu beschränken – und das liegt nicht im Äußeren, sondern innen. So macht es Sinn, den Überfluss zurückzuschneiden (wie die Büsche im Garten beim Herbstschnitt) – nichts anderes versucht das religiös geprägte Fasten. Es gilt, sich solidarisch in der gemeinsamen Erwartung des Kommenden zu zeigen, also auch miteinander zu teilen – die kirchlichen Hilfswerke »Brot für die Welt« (evangelisch) und »Adveniat« (katholisch) bieten dazu gute Möglichkeiten. Nötig sind Stille und Besinnung, um aus den vielen Stimmen unserer pluralen Gesellschaft die eine und wirklich wichtige Stimme zu hören, die einen Weg in die Zukunft und hin zu einem gelingenden Leben weist.

Das Warten bezieht sich im Advent für Christen natürlich auf Weihnachten, auf das Geburtsfest des Herrn und damit auf Jesus selbst. Besonders Kinder können das Warten angesichts der »kommenden Herrlichkeit« (meist allerdings der »Herrlichkeit der Geschenke«) kaum ertragen, zählen, wie oft sie noch bis Weihnachten schlafen müssen. Doch auch der Erwachsene kann wartend und hoffend Ausblick halten auf das Fest, an dem Gott den Menschen seine Liebe zeigte und das zum Beginn einer neuen Zeitrechnung wurde – vor und nach Christi Geburt.

Ist ein solcher Blick des Advent auf Weihnachten als Geburtsfest Jesu eher in die Vergangenheit gerichtet, auf ein Geschehen von vor zweitausend Jahren, so gibt es im Advent eine gleichermaßen bedeutsame, aber oft übersehene zweite Perspektive, die in die Zukunft gerichtet ist: Advent ist die Zeit des bewussten Wartens auf die Wiederkunft Jesu am Ende der Zeiten, also auf die Vollendung der Welt durch Gott.

Ein solcher endzeitlicher, eschatologischer Ausblick in eine von Gott gewirkte Zukunft fällt heute – anders als den Christen anderer Zeiten – schwer. Menschen wollen zwar die Zukunft berechnen, planen und selber gestalten, aber bei dem Weg in die Zukunft letztendlich von Gott abhängig zu sein, ist nicht allein unbegreiflich und unverständlich, sondern wird von den meisten auch deshalb kaum akzeptiert, weil sie sich in ihrer Autonomie und Freiheit bedroht fühlen: Der Mensch gestaltet die Geschichte der Erde, nicht Gott, von dessen Eingreifen wir ja so wenig spüren können.

Hoffen:
Dennoch, der Advent ist – und dies bleibt unverzichtbar – eine Zeit des eschatologischen Ausblicks und damit für Christen, die einem menschenfreundlichen Gott vertrauen, eine Zeit des Hoffens. Christen sollten Menschen sein, die zwar mit beiden Beinen auf dem Boden dieser Erde stehen und die bereitwillig Verantwortung für das vielfältige Leben auf diesem Planeten übernehmen, die aber doch nach etwas Ausschau halten, das dieses oft so behinderte und eingeschränkte Leben übertrifft und übersteigt.

Christen, so sagt die Tradition des Glaubens, haben ihre Heimat letztlich an einem anderen Ort als hier auf der Erde. Franz von Sales, der bedeutende Bischof von Genf, Pädagoge und Ordensgründer des 17. Jahrhunderts sagte es so: »Die Jahre dieses Lebens sind die Zeit, Gott zu suchen. Die Stunden des Sterbens sind die Zeit, Gott zu finden. Die Ewigkeit ist die Zeit, Gott zu besitzen.«

Vergleichbar klingt dies in der folgenden kleinen Geschichte: »Ein Mann übernachtet in einem Kloster. In seiner Zelle stehen nur Bett und Stuhl, sonst nichts. Verblüfft über die karge Einrichtung fragt er die Mönche: ›Wo habt ihr eure Möbel?‹ Die fragen zurück: ›Wo haben Sie denn Ihre?‹ – ›Meine?‹, erwidert der Mann verblüfft. ›Ich bin nur auf der Durchreise hier!‹ – ›Eben‹, sagen die Mönche, ›das sind wir auch.‹«

Eine solche Haltung kann man als adventlich bezeichnen. Diese Mönche richten ihre Hoffnung nicht allein auf ihr eigenes Tun, denn sie wissen von den Grenzen des Menschen. Gewiss, sie setzen sich nach Kräften dafür ein, dass nicht nur eigenes, sondern auch fremdes Leben besser gelingt. Dennoch wissen sie: Menschen schaffen aus eigener Kraft nicht die heile, die vollendete Welt, menschliches Werk bleibt Stückwerk, immer anfanghaft und oft genug bleiben nur Scherben zurück.

Christen setzen mit ihrer Hoffnung deshalb tiefer an: Sie hoffen darauf, dass Gott die Menschen nicht verlässt, weil sie ihn als Schöpfer, Erhalter und Vollender des Lebens bekennen. Die Hoffnung der Christen, dass Gott der Welt nicht den Rücken zukehrt, gründet dabei auf Jesus Christus. Weil Gott sich in der Geburt (und im Leben, Sterben, Auferstehen) Jesu den Menschen liebevoll zugewandt hat, wird er dies auch künftig tun. Christen sind also Träger einer unbedingten Hoffnung über den Tag hinaus, sie schauen von ihrem Glauben an den menschgewordenen Gott aus »über den Horizont des alltäglichen Lebens hinaus«.

Diese Grundhaltung der Hoffnung bewirkt Wachsamkeit und Aufmerksamkeit. Christen bleiben nicht beim Vorläufigen, weil sie eine Ahnung haben vom Endgültigen; sie bleiben nicht beim Heute, weil sie das Morgen bereits ersehnen. Sie werden deshalb die Veränderungen im heutigen Leben, die Entwicklungen der Gesellschaft, die neuen Möglichkeiten von Wissenschaft, Technik und Wirtschaft in globalen Bezügen mit wachen und kritischen Augen betrachten: Wird hier wirklich zum Gelingen des Lebens für alle beigetragen, zu einer besseren Zukunft aller Völker und Kulturen? Stellen solche Veränderungen wirklich Schritte dar auf dem Weg zum Reich Gottes, ein Mehr an Gerechtigkeit und Frieden? Bewirken die Werte unserer Gesellschaft eine stärkere Solidarität unter den Menschen und einen besseren Schutz der Umwelt und des Lebens überhaupt? Christen sind von ihrer Hoffnung her Protestleute gegen alle Einschränkung des Lebens, gegen die vielen kleinen »Tode«, unter denen Menschen zu leiden haben. Und dies sind sie gerade im Advent.

Umkehr:

Damit wird der Advent von einer dritten Grundhaltung begleitet, von der Haltung der Umkehr. Auf die Parallele zur Fastenzeit, zur Österlichen Bußzeit, wurde schon hingewiesen. Der Advent ist ebenso wie die Fastenzeit eine Zeit der Umkehr, der – richtig verstandenen – Buße (ein aus dem Althochdeutschen stammendes Wort für »sich bessern«), der Erneuerung und des Neubeginns. Dies gilt für den persönlichen Bereich ebenso, wie es für den gesellschaftlichen gelten sollte. Wir deuten eine solche Umkehr im Folgenden durch ein vierfaches Bereitwerden:

- *Advent ist Bereitwerden zur Stille:* Unser lauter und hektischer Lebensstil, Reizüberflutung durch Töne und Bilder, Eingespanntsein in vielfältige Aktivitäten, Verpflichtungen und die Erfordernisse des Alltags verhindern heute Stille, Besinnung und Konzentration auf das Wesentliche. Auch wenn Angebote zur Meditation (in unterschiedlichsten, oft auch asiatischen Formen) Hochkonjunktur haben, so zeigt sich darin doch gerade ein Defizit unserer Zeit: den Verlust der Stille. Wer aber nicht mehr still werden kann, der verliert seine Mitte und vor allem den Zugang zu seiner Tiefe. Der Advent kann – trotz allem vorweihnachtlichen Stress oder gerade deswegen – eine Chance sein, die Schwerpunkte des Lebens wieder neu zu setzen, Stille und Besinnung zu suchen, sich aus dem Lärm und der Hektik zurückzuziehen, umzukehren und sich neu auf das Eigentliche des Lebens zu konzentrieren.

- *Advent ist Bereitwerden für Jesus:* Eigentlich ist dieser Gedanke im Blick auf Weihnachten und den inneren Grund dieses Festes selbstverständlich. Dennoch haben viele ihre, in der Kindheit vielleicht noch vorhandene Beziehung zu Jesus verloren. Doch kann und sollte im Advent wieder deutlich werden: Weihnachten feiern geht nicht ohne Jesus. Weihnachten geht nicht ohne das Bemühen, mit diesem Jesus Gemeinschaft zu haben. Alles andere an Weihnachten ist nur Zugabe, Beiwerk, Ausschmückung, aber letztlich für das Gelingen von Weihnachten nicht entscheidend.

Advent ist somit die Chance, sich in der Vorbereitung auf Weihnachten auf einen Weg zu begeben, Jesus neu zu entdecken, neu für ihn offen zu werden. Dies bedeutet zuerst eine ehrliche Bilanz: Wie sieht es mit meinem Glauben an Jesus aus? Wo liegen Schwierigkeiten, wo Chancen? Und dann folgt die Besinnung darauf, wie ich dem Herrn – mit den Worten des Propheten – »den Weg bereiten, Krummes in mir gerade machen, Abgründe auffüllen und Berge abtragen« kann. Das müssen keine großen Schritte sein. Aber eine Umkehr schon: sich nicht länger weiter von ihm wegbewegen, sondern wieder neu auf ihn hin.

• *Advent ist Bereitwerden für die Liebe:* Es kann im Advent um eine Neuausrichtung des Lebens und der Lebensgestaltung gehen, um eine Umkehr zum Guten, um einen Neubeginn der Liebe. An dieser Stelle stehen die Beziehungen auf dem Prüfstand, in denen ich wie in ein Netz eingebunden bin. Wo kann ich – mehr und besser als bisher – mit anderen nicht nur mein Brot, sondern auch mein Leben teilen? Wie kann ich die Kernforderung Jesu und der Evangelien nach Gottes- und Nächstenliebe in meinem Leben umsetzen? Weihnachten ist das Fest der Liebe Gottes zu den Menschen – der Advent aber stimmt darauf ein, will Menschen auf den Weg der Liebe zurückführen.

• *Advent ist Bereitwerden für das Licht:* Advent und Weihnachten sind von ihrem Brauchtum her tief mit dem Symbol des Lichtes verbunden. Dieses Symbol steht in allen Religionen der Welt als Zeichen für das Erscheinen und die Nähe der Gottheit. Die oft bedrückende Dunkelheit des Lebens wird durch das Eingreifen eines Gottes vertrieben.

Der Advent kann die Zeit sein, in der man die vielen Dunkelheiten im eigenen und fremden Leben, in der unmittelbaren Umwelt wie auch im Blick auf die ganze Welt aufmerksamer und sensibler als sonst wahrnimmt und sich von da aus nach Veränderung, nach Licht sehnt. Advent als Zeit der Hoffnung heißt auch, dass Menschen inmitten der zerbrechlichen und geschundenen Welt ein Licht brauchen. Im Ausblick auf Weihnachten, auf das Kind, in dem Gott mitten unter uns lebendig wird, finden wir zum Licht, überwinden wir die Dunkelheit, erhält unser eigener Lebensweg neuen Glanz und eine neue Ausrichtung. Advent heißt: Es soll und kann hell werden in meinem Leben, und ebenso soll und kann es hell werden im Leben anderer.

Auch wenn der Advent heute oft zugedeckt ist mit vorweihnachtlichem Trubel und es damit schwer hat, ein eigenes Gesicht zu finden – er ist nicht allein eine notwendige Vorbereitung auf Weihnachten, sondern setzt eigene und wichtige Impulse für ein Leben aus christlichem Geist. Adventlich leben heißt:

- in Erwartung leben,
- aus der Hoffnung leben,
- aus der Sehnsucht nach dem Licht leben.

So verstanden, sollten alle Christen adventliche Menschen sein – nicht nur in den vier Wochen vor Weihnachten, sondern das ganze Jahr, das ganze Leben hindurch.

Das Brauchtum des Advent

Keine andere Jahreszeit hat soviel Brauchtum entwickelt und ist so sehr vom Brauchtum geprägt wie der Advent. Begründet ist dies nicht allein in der Bedeutung des Weihnachtsfestes, auf das der Advent hinführt (dann müsste es in der Fastenzeit als Vorbereitungszeit auf Ostern ähnlich viel Brauchtum geben), auch nicht allein in der besonderen Stimmung des Advent mit seinen dunklen Abenden, die dazu einladen, das Symbol Licht in vielfacher Weise auszukosten. Vielmehr hängt es auch damit zusammen, dass man früher, in einer von der Landwirtschaft geprägten Gesellschaft, im dunklen Winter einfach mehr Zeit für die Entwicklung und Pflege des Brauchtums hatte.

- *Adventskranz:* Wie sonst nichts anderes gehört der Adventskranz zum Advent. Er ist allerdings erst vor relativ kurzer Zeit entstanden. In der Mitte des 19. Jahrhunderts gab es in den großen Städten Deutschlands das Problem der »Straßenkinder«, das wir heute hauptsächlich aus Entwicklungsländern kennen. Der evangelische Pastor Johann Hinrich Wichern begegnete in Hamburg der Not dieser meist verwaisten und von allen verlassenen Kinder durch den Aufbau eines Kinderhauses, des »Rauhen Hauses«, in dem die Straßenkinder eine neue Heimat finden, zur Schule gehen und einen Beruf lernen konnten.

Pastor Wichern wollte den Kindern auch einen Zugang zum christlichen Glauben eröffnen und dabei war ihm die Zeit des Advent besonders wichtig: Jeden Abend hielt er mit den Kindern eine Andacht, in der gesungen, erzählt und gebetet wurde. Um die Abendstunden, in denen diese Andachten stattfanden, aufzuhellen, kam Pastor Wichern auf die Idee, jeden Tag eine Kerze mehr anzuzünden. So sollte die Dunkelheit des Lebens, die die Kinder zur Genüge kennen gelernt hatten, durch das wachsende Licht Jesu erhellt werden. Auf einem großen Holzreifen standen 24 Kerzen, die Kinder schmückten diesen Reifen mit frischem Tannengrün. Dieser erste Adventskranz fand bald viele Nachahmer. Das Anzünden der vielen Kerzen wurde in den Familien dadurch vereinfacht, dass man nicht länger jeden Tag, sondern nur jede Woche eine neue Kerze anzündete. So entstand der Brauch des Adventskranzes, der sich rasch in ganz Deutschland verbreitete.

• *Adventskalender:* Ein anderer, ähnlicher Brauch ist der Adventskalender, auch er ist Mitte des 19. Jahrhunderts im protestantischen Raum entstanden. Als Abreißkalender (die Kalenderblätter für die einzelnen Tage wurden abgerissen) oder Abstreichkalender (die Tage im Advent wurden durchgestrichen) oder Lichtkalender (auf einer Kerze waren 24 Markierungen, entsprechend weit wurde die Kerze abgebrannt) führte ein solcher Kalender durch die Zeit vom 1. bis 24. Dezember.

Es gab auch *Adventsuhren, Adventsleitern* (eine Stufe pro Tag) und anderes. Erst zu Beginn des 20. Jahrhunderts gab es gedruckte Kalender mit zu öffnenden Türchen, hinter denen sich Bilder der Heilsgeschichte verbargen. Durch die Nationalsozialisten (Märchenbilder statt biblischer Motive) und die Kommerzialisierung (Süßigkeiten statt Bilder hinter den Türen) wurden andere Akzente gesetzt. Heute geben gut gestaltete Adventskalender Familien Impulse zu einer angemessenen Gestaltung des Advent durch Geschichten, Lieder, Rezepte, Ideen für gemeinsames Tun in der Familie, Erklärungen von Brauchtum und schließlich Anregungen zum Teilen mit Bedürftigen.

• *Adventslieder:* Die Zeit des Advent kennt darüber hinaus viele alte und neue Adventslieder, die die Botschaft und Stimmung des Advent aufgreifen und Menschen für Weihnachten bereit machen. Sie künden von der Hoffnung der Christen auf das Licht der Welt, auf Christus.

Eine besondere Form adventlichen Singens sind die *Roratemessen*, die besonders in der Woche vor Weihnachten gehalten werden. Der Name entstand aus einem Vers des Propheten Jesaja (Jes 45,8) in lateinischer Sprache: »Rorate, caeli, desuper, et nubes pluant iustum« – »Taut, ihr Himmel, von oben, ihr Wolken, lasst Gerechtigkeit (den Gerechten) regnen«. Bei den Roratemessen wird der Kirchenraum nur durch Kerzen erhellt, und durch ihr warmes Licht entsteht eine besondere Atmosphäre, die solche Gottesdienste beliebt macht.

• *Adventsspiele:* Derartige Adventsgottesdienste waren auch der Ort für Adventspiele, in denen biblische Szenen vorgestellt und dadurch Leseunkundigen der Inhalt der Bibel in anschaulicher Weise vermittelt wurde. Heute greifen besonders adventliche Familiengottesdienste auf Spielszenen zurück (etwa auf die Szene der Verkündigung, die Gestalt Johannes des Täufers, den Weg Maria und Josefs von Nazaret nach Betlehem ...).

• *Herbergssuche:* Im Mittelalter entwickelte sich eine besondere Form adventlichen Spiels, die Herbergssuche bzw. das *Frau(en)tragen*. Ein Marienbild oder eine Marienstatue wandert dabei im Advent von Haus zu Haus, jeden Tag in eine andere Familie. Erst am Heiligen Abend gelangt das Bild oder die Figur zur Christmette wieder in die Kirche und wird dort an der Krippe platziert. In diesem Spiel und in den begleitenden Liedern und Gebeten machen Familien deutlich, dass sie der Heiligen Familie eine Herberge gewähren wollen: Anders als damals in Betlehem stehen die Türen (und Herzen) der Gläubigen für den Herrn offen. Advent ist hier deutlich als Bereitwerden für Jesus gesehen.

• *Adventsansingen:* In den Zusammenhang der spielerischen Bräuche im Advent gehören auch die heute weithin verloren gegangenen *Heischegänge,* auch *Klöpfligehen* oder *Adventsansingen* genannt. Nicht nur Kinder, sondern Tagelöhner und Arme zogen mit ihren Liedern von Hof zu Hof und baten um eine gute Gabe. Sie erhielten Brot und Speck, Trockenobst und Nüsse, Gebäck und andere Nahrungsmittel. An einigen wenigen Orten leben solche Heischegänge heute wieder auf; dann allerdings bittet man nicht für sich selbst, sondern für andere, die in Not sind. Die Haussammlungen von Diakonie und Caritas im Advent stellen organisierte Formen solcher Bittgänge dar.

• *Adventsbäckerei:* Zum Advent gehört unbedingt die Adventsbäckerei, die regional sehr unterschiedlich ist. Sie stimmt mit Geruch, Geschmack und auch durch ihr Aussehen auf das kommende Fest ein. Es gibt Spritzgebäck, Makronen, Nussplätzchen, Husarenkrapfen und vieles andere mehr. Printen und Lebkuchen, Schokoladenkringel und vor allem gut gewürzter Spekulatius sind andere Kostbarkeiten. Leider tritt heute das eigene Backen in der Familie oft zurück hinter den aus Zeitnot gekauften Backwaren aus Massenfertigung.

• *Adventsbasteln:* Auch Basteln war früher im Advent selbstverständlich, heute wird es nur noch in einem Teil der Familien gepflegt, ist abgewandert in die Kindergärten und Schulen. Das Erstellen von Nikolausfiguren aus einem Apfel, einer Nuss, Buntpapier und Engelshaar, von Goldpapierengeln, Faltsternen und selbst hergestellten Kerzenleuchtern und anderem ist aber nach wie vor für Familien und Gemeindegruppen sinnvoll. Gemeinsames Tun stimmt miteinander auf Weihnachten ein.

- *Fensterbilder:* Häufiger zu sehen sind heute Fensterbilder mit adventlichen und weihnachtlichen Motiven. Solche Bilder aus unterschiedlichen Buntpapieren oder Sprühfarben greifen Motive biblischen Ursprungs auf, adventliche oder weihnachtliche Symbole wie Kerzen und Zweige oder auch anderes (profanes wie Weihnachtsmann auf von Elchen gezogenen Schlitten ...). Viele schmücken ihre Fenster, einen Busch im Vorgarten oder auch ganze Häuser mit elektrischen Lichterketten. Wo diese allerdings ständig blinken und sich kreisend bewegen, hat dies nichts mehr mit dem Symbol Licht zu tun, sondern ist eine Art optischer Umweltverschmutzung.
- *Adventskrippe:* Ein guter, wenn auch seltener Brauch ist die Adventskrippe. Mit den Figuren der Weihnachtskrippe werden im Advent einzelne Szenen dargestellt, die zum Weihnachtsgeschehen hinführen, etwa die Verkündigung der Geburt Jesu durch den Engel an Maria, den Weg Mariens zu Elisabeth, den Weg der Hirten oder der Weisen aus dem Osten hin zur Krippe. Solche Bilder können auch mit einer zunehmenden Zahl von Kerzen geschmückt werden.

In Kirchen aufgestellt stehen solche Szenen in Verbindung zu gottesdienstlichen Themen des Advent. Zu Hause sind sie nicht nur Spielzeug für die Kinder, sondern bieten durch gemeinsames Aufstellen auch die Gelegenheit, die biblischen Erzählungen aufzugreifen und durch passende Lieder und Geschichten, durch gemeinsames Tun und Mahlgemeinschaft, adventliche Akzente zu setzen.

- *Adventsfeiern:* Dies versuchen auch die Adventsfeiern. Sie möchten inmitten all des Trubels zu Stille und Besinnung führen. Allerdings ist dies heute oft ein vergeblicher Versuch, der entweder in Kommerzialisierung erstickt oder als »Weihnachtsfeier im Advent« das kommende Fest bereits vorwegnimmt und somit den Advent verfälscht. Auch die zum Teil große Zahl solcher Advents- oder Weihnachtsfeiern erschwert letztlich das, was sie anstreben: Es geschieht weniger Hinführung auf das Fest als Übersättigung vor dem Fest.

Heilige des Advent

Die im katholischen Raum verbreitete Verehrung von Heiligen als Vorbildern christlicher Lebensgestaltung erstreckt sich auch auf den Advent. Vielfach ist zu solchen Heiligen-Gedenktagen Brauchtum entstanden, das mit Advent und Weihnachten in Beziehung steht (etwa Lichtsymbolik, Schenken usw.).

• In die Adventszeit können – je nach Datum des 1. Adventssonntages – die Gedenktage der heiligen *Katharina von Alexandrien* (einer Märtyrin aus dem vierten Jahrhundert, als eine der vierzehn Nothelfer verehrt) am 25. November und des Apostels *Andreas* am 30. November fallen. Allerdings gibt es von diesen Heiligen aus kaum Bezüge zum Advent und seinem Brauchtum.

• *Barbara:* Dies ist anders mit Barbara (Gedenktag am 4. Dezember). Am Barbaratag stellt man Zweige (meist Kirschzweige) in warmes Wasser, die dann zu Weihnachten blühen – ein Zeichen der Hoffnung in dunkler Jahreszeit und damit ein adventliches Zeichen. Dieser Brauch geht auf die Barbaralegende zurück:

Barbara von Nikomedia (heute das türkische Izmit) lebte zu Beginn des vierten Jahrhunderts als Tochter eines Kaufmanns in Kleinasien, der heutigen Türkei. Als ihr Vater eine längere Reise unternehmen musste, ließ er seine Tochter in einen Turm einschließen, um sie vor fremdem Einfluss zu schützen. Dennoch ließ Barbara sich im christlichen Glauben unterrichten und taufen. Als Zeichen für ihren Glauben an den dreifaltigen Gott ließ sie in den von ihr bewohnten Turm ein drittes Fenster schlagen. In jener Zeit begann eine große Christenverfolgung, der sich Barbaras Vater anschloss. Er selbst ließ seine Tochter brutal ins Gefängnis werfen. Auf dem Weg dorthin brach Barbara einen trockenen Zweig von einem Busch ab. Ihn stellte sie ins Wasser, und siehe, am Tag ihrer Hinrichtung stand der Zweig in voller Blüte – ein Zeichen der Auferstehung: Neues Leben überwindet den Tod.

Barbara zählt zu den 14 Nothelfern; ihr Attribut, an dem man ihre Statuen erkennen kann, ist der Turm. Da die Heilige der Legende nach am Beginn ihrer Verfolgung in einem Felsen Schutz fand, der sich hinter ihr schloss und sie vor den Verfolgern verbarg, gilt Barbara als Schutzpatronin der Bergleute. Mit dem Barbaratag verknüpft ist an manchen Orten auch anderes Brauchtum, das aus vorchristlicher Zeit stammt: Frau Holle (Hulda) und andere Zaubergestalten erschrecken die Menschen.

• *Nikolaus: Der* Heilige der Adventszeit (auch über den katholischen Raum hinaus) und zusammen mit Martin von Tours (Gedenktag 11. November) wohl der volkstümlichste Heilige ist Nikolaus (Gedenktag am 6. Dezember). Geschichtlich ist gesichert, dass Nikolaus im vierten Jahrhundert Bischof der Stadt Myra (heute Demre in der Türkei) war. Er nahm am Konzil von Nicäa im Jahr 325 teil.

Um sein vorbildliches Leben als Bischof rankte sich schon früh ein Kranz von liebenswürdigen Legenden. Die bekannteste Geschichte ist die vom Brotwunder. Als ein Schiff mit Getreide in den Hafen kam, bat Nikolaus um einen Teil der Ladung für die hungernde Bevölkerung. Doch der Kapitän lehnte aus Angst vor Bestrafung ab. Nikolaus versicherte ihm, dass die Ladung gleich bleiben würde, gleich wie viel er den Hungernden gäbe. Der Kapitän versuchte es, und es geschah wirklich so. Die Menschen in Myra waren gerettet.

Nikolaus wird von vielen Berufsgruppen als Patron verehrt, von Schiffern, Kaufleuten, Schülern ... Meist hängt dies mit irgendeiner Legende zusammen (etwa Schiffer: Rettung von Matrosen aus Seenot). Nikolaus ist auch der Patron Russlands. Als im 11. Jahrhundert Kleinasien von Muslimen erobert wurde, wurden die (angeblichen) Reliquien des Heiligen von Kaufleuten nach Bari in Süditalien gebracht, wo auch heute noch ein Zentrum der Nikolausverehrung ist. Doch überall in Europa gibt es Nikolauskirchen; Städte erkoren Nikolaus zu ihrem Patron (etwa Amsterdam, aber auch Neu-Amsterdam in Amerika, das heutige New York). Erst durch die Reformation brach die Verehrung des Nikolaus in den mitteleuropäischen und nordischen Ländern ein.

Zum Nikolaustag erhalten die Kinder Äpfel oder Süßigkeiten, manchmal in einen Schuh oder Stiefel gesteckt, den man am Abend vorher vor die Tür stellen muss. Früher fand am Nikolaustag eine umfangreichere Bescherung mit Geschenken statt. Nach der Reformation, als im deutschsprachigen Raum die Verehrung der Heiligen zurückgedrängt wurde, wanderte die Bescherung dann auf den Weihnachtstag (heute Heiligabend) und wurde mit Christus, dem Geschenk Gottes an uns, verbunden. In einigen Ländern (etwa den Niederlanden) findet die Bescherung aber auch heute noch am Nikolaustag statt.

Bei Nikolausfeiern tritt der »Heilige« im roten (Bischofs-) Gewand auf, meist mit den bischöflichen Zeichen Stab und Mitra (Bischofsmütze) versehen. Dies hat folgenden Hintergrund: Im Mittelalter fanden am Nikolaustag Spiele von Schülern statt, von denen einer als Bischof verkleidet war (Hintergrund ist die Legende von der Rettung dreier Schüler durch Nikolaus). Solche Spiele in kirchlichen Schulen gibt es heute nicht mehr, stattdessen wurde das Spiel in veränderter Form in den familiären Rahmen verlegt, profanisiert und pädagogisiert: Ein Erwachsener, als Bischof Nikolaus verkleidet, kommt ins Haus, liest in einem »Goldenen Buch«, lobt und tadelt die Kinder und beschenkt sie anschließend. Ein solcher Nikolaus kann auch bedrohlich wirken und Angst erregen (vgl. das Bilderbuch »Struwwelpeter«, in dem eine Nikolaus-Figur die bösen Jungen in ein Tintenfass steckt), zumindest aber erhebt er einen »moralischen Zeigefinger«.

Begleitet wird Nikolaus bei solchen Besuchen oft durch einen Diener mit einer Rute, der mit Knecht Ruprecht, Hans Muff, böser Klaus, Krampus, Schwarzer Peter (schwarzer Piet in den Niederlanden) oder mit einer Fülle anderer Namen benannt wird. Eine solche Figur hat sicher mit vorchristlichen dämonischen Gestalten zu tun, die durch den christlichen Heiligen »gezähmt« und beherrscht werden. Doch die Kombination der beiden Gestalten Nikolaus und Knecht Ruprecht führt noch weiter: Gut und Böse sind in die beiden Gestalten hinein verlegt, Zuwendung und Aggression, Helles und Dunkles ...

Der Nikolaus erscheint heute meist in säkularisierter Form als Weihnachtsmann oder Santa Claus, dies vor allem in Kaufhäusern zur Förderung des Konsums und in der Werbung (z. B. etwa ab 1930 für Coca-Cola). Spätestens hier hat er jede Beziehung zum christlichen Heiligen und auch zur christlichen Gestalt des Advent verloren.

• *Luzia:* Die heilige Luzia (lateinisch: »die Lichtvolle«, Gedenktag am 13. Dezember) von Syrakus ist eine weitere Heilige des Advent. Sie starb als Märtyrin zu Beginn des vierten Jahrhunderts in Sizilien. Da ihr Gedenktag in der Nähe der Wintersonnwende liegt, hat sich an ihrem Gedenktag vor allem in Schweden ein Lichterbrauch erhalten. Das älteste Mädchen einer Familie tritt in einem weißen Kleid auf, den Kopf mit Lichtern geschmückt.

Weihnachten – die Liturgie

Wird Christus tausendmal
zu Betlehem geboren
und nicht in dir;
du bleibt doch ewiglich verloren.
Angelus Silesius (Johann Scheffler, 1624–1677)

Die biblische Botschaft und die deutende Theologie des Weihnachtsfestes ist das Eine, doch solche grundsätzlichen Gedanken müssen gelebt werden – die weihnachtlichen Bräuche tun dies zum Teil (vgl. das folgende Kapitel). Vor allem aber klingt die weihnachtliche Theologie in den Gottesdiensten an, in der unterschiedlichen Liturgie des Advent und des Weihnachtsfestes.

Advents- und Weihnachtszeit mit den Christmetten am Heiligen Abend als Höhepunkt erhalten liturgisch berechtigterweise eine besondere Gestalt. Dies ergibt sich nicht nur aus der Bedeutung des Festes und der Festzeit im Gesamt des Kirchenjahres, sondern auch aus der Erwartung der meisten Gottesdienstteilnehmer. Viele wünschen sich im Advent und in der Weihnachtszeit besondere gottesdienstliche Impulse und sind offen für Besinnung und festliche Gestaltung der Gottesdienste.

Advent

Die adventlichen Gottesdienste sind von der Erwartung und der Vorbereitung auf das Fest, damit aber auf Jesus und die Anbindung an ihn geprägt. In vielen Gottesdiensten werden adventliche Haltungen in den Vordergrund gerückt (vgl. im Kapitel zu Advent) und Impulse zu wichtigen Glaubensthemen gegeben. In Wort und Zeichenhandlung wird der besondere Charakter dieser Vorbereitungszeit herausgestellt.

Das Zeichen des Advents ist natürlich der Adventskranz, der auch in den Kirchen und Gottesdiensten seinen herausgehobenen Platz findet. Oft dürfen Kinder zu Beginn des Gottesdienstes die einzelnen Kerzen des Adventskranzes anzünden, manchmal begleitet vom bekannten Lied »Wir sagen euch an den lieben Advent«.

Das Symbol des *Lichtes* wird in dieser Zeit häufig genutzt, um die Inhalte von Advent und Weihnachten sinnbildlich zu verdeutlichen. Kerzen spielen eine besondere Rolle. Manchmal gibt es Geschichten, die die Bedeutung des Lichtes im Leben der Menschen aufzeigen oder gar mit den Weihnachtserzählungen (etwa dem Stern) verknüpft sind.

Ein katholischer Brauch sind die *»Roratemessen«*, Gottesdienste an den Werktagen des Advent, bei denen die Kirche nur durch Kerzenlicht erleuchtet ist und die somit eine besondere Stimmung gewinnen (vgl: Seite 71). Die ausgeprägte Lichtsymbolik möchte Jesus als Licht der Welt und auch als Licht des eigenen Lebens deutlich machen. Deshalb finden solche Gottesdienste meist auch morgens zum Aufgang der Sonne statt: Das Licht der aufgehenden Sonne erinnert an Christus. Bis zur Liturgiereform nach dem Zweiten Vatikanischen Konzil waren solche Roratemessen als Mariengottesdienste gestaltet – die Liturgiereform konzentrierte die Gestaltung auf Christus und die Erwartung des durch ihn kommenden Heils: »Ihr Himmel, tauet den Gerechten, ihr Wolken regnet ihn herab!«

Auch im privaten Bereich wird diese Lichtsymbolik durch Kerzen und andere Lichter – vom Gottesdienst ausgehend – aufgegriffen und in vielfältiger Weise gepflegt. Manche Advents- und Weihnachtsbasteleien bzw. -backwaren etwa erinnern an das Licht (etwa Sterne) und damit auf indirekte Weise an Jesus.

Ein seltener, aber schöner Adventsbrauch ist die Adventskrippe, die in manchen Kirchen zu finden ist. Man baut bereits die Krippe auf, aber sie ist noch leer. Die anderen Krippenfiguren werden in wöchentlich wechselnden Szenen hinzugefügt und führen inhaltlich zum Weihnachtsgeschehen hin. So werden in einer Kirche die Figuren von Maria und Josef mit dem Esel jede Woche im Mittelgang ein wenig näher in Richtung Krippe gestellt – an Weihnachten erreichen sie dann ihren endgültigen Platz innerhalb der gesamten Krippendarstellung.

Um besondere spirituelle Impulse zu geben, findet in manchen Gemeinden für Jugendgruppen oder auch für die ganze Gemeinde ein besonderes gottesdienstliches Angebot (etwa eine Frühschicht oder Spätschicht) in meditativer Form statt. Bilder und Musik setzen dabei besondere Akzente. Auch ist der Advent eine gute Zeit für ökumenische Gottesdienste, etwa der Grundschule, des Kindergartens, aber auch für die Erwachsenen der beiden christlichen Gemeinden.

Heiligabend

Die weihnachtlichen Hauptgottesdienste sind inzwischen meist für den Nachmittag oder Abend des Vortags von Weihnachten angesetzt. Begann man früher am Heiligabend mit der Christmette um 24 Uhr, also zur Mitternacht (»wohl zu der halben Nacht«, vgl. das Lied »Es ist ein Ros' entsprungen«), so wurden in den letzten Jahrzehnten die Gottesdienste zunehmend früher angesetzt, um so vor allem Familien mit Kindern und älteren Menschen gerecht zu werden. Auch haben sich die Feiergewohnheiten in den Familien verändert (weg vom 1. Weihnachtstag hin zum Heiligabend, vgl. die Geschenkpraxis: Bescherung nicht mehr an Weihnachten, sondern am Heiligabend). Bedingt durch eigene Gottesdienste für Familien mit Kindern wurde immer mehr der Nachmittag des Heiligen Abends zur Hauptgottesdienstzeit (etwa um 17 oder 18 Uhr). Spätere Christmetten gibt es in beiden Kirchen zwar nach wie vor, teilweise auch um 24 Uhr, doch sind diese Gottesdienste keineswegs mehr so stark besucht wie die frühen Christmetten am Spätnachmittag.

Vor solche Familiengottesdienste haben sich mancherorts wiederum weitere Gottesdienste geschoben, die sich in einfacher Form an kleinere Kinder (etwa Kindergartenalter) und ihre Familien richten. Dabei steht meist ein Krippenspiel (etwa im Kindergarten vorbereitet) im Mittelpunkt, das den Kindern das Geschehen der Geburt Jesu spielerisch vermitteln will und oft alle Anwesenden durch Lied, gemeinsame Rufe und Zeichenhandlungen einbindet.

Anders als in der Karwoche oder an Ostern (vgl. den Band: »Auf uns wartet das Leben. Was wir an Ostern feiern«) gibt es an Weihnachten von der Liturgie der beiden Kirchen her nicht viele Besonderheiten, die vom üblichen Gottesdienstablauf abweichen. Doch wird besonders in den Familiengottesdiensten die Freiheit liturgischer Gestaltung genutzt: Im Mittelpunkt steht meistens ein Spiel der Kinder, sei es eines der üblichen Krippenspiele (mit Herbergssuche, mit den Hirten, den »Königen« ...) oder ein Spiel, bei dem das Geschehen der Geburt Jesu in unsere Zeit versetzt wird und dadurch ein neues Gesicht gewinnt, das zum Nachdenken anregt. Beliebt sind auch Zeichenhandlungen, die die Anwesenden einbinden, etwa: Die Kinder (vielleicht auch alle Gottesdienstbesucher) bringen eine Blume (echte Blume oder auch aus Papier gebastelt) zur Krippe (zu Jesus), bekennen durch einen solchen Gang ihren Glauben an Jesus und zeigen ihre Verehrung des von Gott gesandten Retters. In ähnlicher Weise werden manchmal auch Gaben (etwa Spielzeug der Kinder) und Geldspenden zur Krippe gebracht, die dann an Notleidende verschenkt werden (das Spielzeug etwa für die Kinder eines Heims für Asylbewerber, das Geld für »Brot für die Welt« oder »Adveniat«). Passende Lieder und Gebete der Kinder ergänzen solche Spiele. Ein schönes Zeichen ist es auch an manchen Orten, wenn den Gottesdienstbesuchern, besonders den Kindern, etwas aus dem Gottesdienst mit nach Hause gegeben wird, nur ein kleines Zeichen, das eine Erinnerung an den Gottesdienst darstellt und vorab gedeutet wird: ein Bild, ein Strohstern, ein brennendes Teelicht ...

In Christmetten für Erwachsene wird meist besonderer Wert auf die musikalische Gestaltung gelegt: Der Chor singt, die Posaunengruppe oder andere Instrumentalisten spielen, es werden viele der alten und beliebten Weihnachtslieder gesungen. An wenigen Orten nur hat sich der – eher an Ostern angesiedelte – Brauch gehalten, zum Hochfest die Glocken nicht zu läuten, sondern in kunstvoller Form und speziellem Rhythmus zu schlagen (beiern). Dies setzt allerdings besondere Kenntnisse voraus, bringt aber durch den ungewöhnlichen Klag der Glocken eine besonders festliche Atmosphäre hervor.

Erwachsenengottesdienste an Weihnachten leben nicht nur von besonderer Musik, sondern ebenso von besonderen Worten. So gibt es – mehr als sonst – meditative und poetische Texte, das Weihnachtsevangelium wird in vollständiger und damit ausführlicher Form gelesen oder gar gesungen. Weitere biblische Texte ergänzen die Botschaft des Evangeliums.

Weiterhin ist es an manchen Orten üblich, vor Christmetten eine kleine Vorfeier zu halten. Dies hat sich daraus ergeben, dass an diesem Fest die Kirchen überfüllt sind und damit viele Besucher sehr früh kommen, um einen Sitzplatz zu finden. Um ihnen das Warten zu erleichtern, gibt es solche einführenden Feiern mit Instrumentalmusik, Liedern, Gebeten und anderen Texten. Nach der Hektik der Vorweihnachtstage tut ein solch besinnliches Element gut und bereitet den folgenden Gottesdienst vor.

Hin und wieder findet sich in diesen Vorfeiern noch der alte Brauch, das so genannte *»Martyrologium«* zu lesen, einen Text, der in Art eines weit gespannten Kalenders die Geburt Jesu in die Geschichte der Menschheit dadurch einbindet, dass er eine Fülle von weltlichem und biblischem Geschehen möglichst mit (teilweise fiktiver) Jahreszahl benennt – und dies in einer feierlichen Sprache: Meist beginnt der Text bei der Schöpfung (vgl. Gen 1: »Im Anfang schuf Gott Himmel und Erde«) und fügt dann wichtige biblische Daten ein: Abraham, Mose und der Auszug aus Ägypten, König David ... Das Ganze mündet dann in der Geburt Jesu und schlägt so eine Brücke zur Weihnachtsgeschichte nach Lukas, die später im Gottesdienst als Evangelium verlesen wird: Gott wird Mensch in der Geschichte der Völker. Zugleich kann aber auch ein Bezug zur Gegenwart durch weitere Daten hergestellt werden: Gott wird Mensch zu jeder Zeit und in jeder Kultur. Oft wird ein solches Martyrologium auch feierlich gesungen.

Wenn der Charakter der Christmetten als Nachtwachen (wie die Nachtwache der Hirten) auch durch den früheren Gottesdienstbeginn nicht mehr sichtbar ist, so schließt sich an manchen Orten an die (frühen) Christmetten eine Einladung zu einer weihnachtlichen Feier der Gemeinde am Abend an. Diese Einladung gilt oft Randgruppen der Gesellschaft wie Obdachlosen, aber auch Alleinstehenden und Einsamen, die dadurch die Möglichkeit gewinnen, Weihnachten in Gemeinschaft zu feiern. Wo eine Gemeinde in dieser Weise aktiv wird und den Rahmen der rein »privaten« Weihnachtsfeier sprengt, macht sie sicher viel von dem sichtbar, was eigentlich der Inhalt von Weihnachten ist: Christen freuen sich über die Liebe Gottes, sein Geschenk Jesus, und versuchen, diese Liebe durch ihr Schenken weiterzugeben.

Die beiden Weihnachtstage

Die Gottesdienste der beiden Weihnachtstage entsprechen in der Regel dem üblichen Gottesdienstablauf. Besondere Akzente werden durch die Musik (etwa Chor) oder auch durch die Predigt gesetzt. Wegen der gut besuchten Christmetten sind die Gottesdienste am 1. Weihnachtstag meist nicht so gut gefüllt wie am 2. Weihnachtstag.

Am zweiten Tag gedenkt man in der katholischen Kirche des ersten christlichen Märtyrers, Stephanus (vgl. Apostelgeschichte 6–7). Dies erscheint überraschend, stört die Geschichte vom brutalen Mord an einem christlichen Glaubenszeugen doch die weihnachtliche Stimmung. Dennoch »passt« dieses Gedenken, denn Krippe und Kreuz gehören zusammen. Auch beim weihnachtlichen Gedenken an Jesus darf es ja nicht allein um das Kind in der Krippe gehen, sondern ebenso um den erwachsenen Menschen, der am Kreuz hingerichtet wurde. Der Stephanustag kann diese Beziehung in Erinnerung rufen.

Die Weihnachtszeit

Heute wird unter Weihnachtszeit in der Regel die Zeit bis zum 6. Januar (evangelisch: Epiphanias, katholisch: Fest der Erscheinung des Herrn, früher und heute nach wie vor im Volksmund Heilige Drei Könige) verstanden (in der katholischen Kirche war es vor der Liturgiereform die Zeit bis zum 2. Februar, dem Fest »Darstellung des Herrn« – »Mariä Lichtmess«). In den beiden Wochen nach Weihnachten klingt das Fest ruhig nach und erhält dann mit dem 6. Januar einen passenden Abschluss.

Aus dem Rahmen fällt dabei vor allem der Jahreswechsel. Am letzten Tag des alten Jahres (evangelisch »Altjahrsabend«, katholisch und dies hat sich allgemein durchgesetzt »Silvester« genannt [nach dem Papst Silvester, 314–335 n. Chr., dessen Gedenktag man am 31. Dezember begeht]) gibt es überall Jahresschlussgottesdienste, in denen man dankbar auf die Zeit des vergangenen Jahres zurückblickt und Gott um seinen Segen für das kommende Jahr bittet.

Der Neujahrstag ist in der evangelischen Kirche geprägt vom Vertrauen, das Christinnen und Christen im Blick auf das beginnende Jahr in Gott setzen (vgl. etwa die Lesung Josua 1,1–9). Das seit dem sechsten Jahrhundert bekannte Fest der Beschneidung des Herrn (entsprechend dem jüdischen Brauch am 8. Tag nach der Geburt) gibt es seit der Liturgiereform von 1969 in der katholischen Kirche nicht mehr. Statt dessen begeht man heute das Hochfest der Gottesmutter Maria. Ein zusätzlicher inhaltlicher Akzent – passend zum Jahresbeginn – liegt in der Friedensthematik, die auch von Christen aufgegriffen wird: der erste Januar als Weltfriedenstag: Christus ist der Friede der Welt, ist Gottes Schalom und damit Hoffnung für die Menschen.

Epiphanie – Erscheinung des Herrn

Epiphanie ist das griechische Wort für »Erscheinung, Offenbarwerden« und bedeutet das Erscheinen oder Auftreten des Herrschers (etwa des Kaisers) in einer Stadt. Christen wandten dieses Wort auf Jesus an und verbanden es mit der Geschichte des Matthäusevangeliums von den Weisen (den »Heiligen Drei Königen«): Die Weisen der Welt erkennen in diesem Kind den Herrscher der Welt. Der 6. Januar wird von diesem Gedanken her manchmal auch »Die kleine Weihnacht« genannt.

Nur in Köln hat sich an diesem Tag das Dreikönigsfest gehalten, weil im Kölner Dom die 1164 von Mailand überführten Gebeine der Drei Könige verehrt werden (Dreikönigsschrein). Ansonsten setzt die Kirche an diesem Festtag – theologisch richtiger – nicht bei den Königen (bzw. nach Matthäus: Weisen) an, sondern bei Jesus und seiner Bedeutung für die Welt: In Jesus ist Gott selbst in der Welt erschienen und hat sich sichtbar gemacht. Darauf deutet der Tagesspruch der evangelischen Liturgie: »Die Finsternis vergeht, und das wahre Licht scheint jetzt.«

Das Brauchtum des Dreikönigssingens (Sternsingen, vgl. auch im Kapitel über Brauchtum) hat inzwischen Eingang in die gottesdienstliche Gestaltung gefunden und überdeckt meist den theologischen Inhalt des Festtages. Dies gilt inzwischen nicht allein für katholische Gemeinden, sondern zunehmend auch für evangelische, die sich der Neubesinnung des Sternsingens öffnen und dieser größten Kinderhilfsaktion anschließen.

Oft ziehen an diesem Tag Sternsingergruppen, festlich als Könige verkleidet, hinter einem Stern her in die Kirche ein, singen ihr Sternsingerlied, sprechen den Segensspruch und malen mit Kreide ihr Segenszeichen an das Kirchenportal: die neue Jahreszahl und dazu »C – M – B«, was nicht auf die angeblichen Namen der Könige, Caspar, Melchior und Baltasar, hinweist, sondern ein lateinischer Spruch ist: »Christus mansionem benedicat.« – »Christus segne dieses Haus.« Damit ist über den Weg des Brauchtums die Kernaussage von Weihnachten wiederum erreicht: Durch Christus segnet und schützt Gott die Menschen.

Weihnachten – das Brauchtum

Seht ihr unseren Stern dort stehen,
helles Licht in dunkler Nacht?
Hoffnung auf ein neues Leben
hat er in die Welt gebracht.
Sternsingerlied

Die theologischen Deutungen, die, ausgehend von der bib-
lischen Botschaft, für Weihnachten sichtbar wurden, hatten
Auswirkungen auf die Liturgie der christlichen Kirchen.
Diese Deutungen spiegeln sich ebenso in dem vielfältigen
Brauchtum wider, das sich mit Weihnachten verbindet (zum
Brauchtum des Advent siehe Seite 69–77). Es ist ein Brauch-
tum, das sich über die Jahrhunderte hinweg entwickelt hat.
Man kann deshalb auch den umgekehrten Weg gehen und –
vom Brauchtum ausgehend – die Kernaussagen von Weih-
nachten erneut in den Blick nehmen.

Die Krippe

Die Entstehung der Weihnachtskrippe mit ihren vielfältigen
Figuren wird in der Regel mit dem Heiligen Franz von Assisi
(1181–1226) verbunden (s.u.). Doch gehen die Ursprünge einer Krippenverehrung viel weiter zurück. Entsprechend der
Aussage des Lukasevangeliums »Ihr werdet ein Kind finden,
das, in Windeln gewickelt, in einer Krippe liegt« (Lk 2,12)
deutete man den Geburtsort Jesu in einem Stall oder in einer
als Stall genutzten Höhle (besonders in der Ostkirche). Als
Kaiserin Helena im vierten Jahrhundert auf ihrer Pilgerfahrt
durch das Heilige Land Betlehem erreichte, verehrte sie den
Geburtsort Jesu und errichtete über einer Höhle eine erste
Kirche – die Vorgängerin der heutigen Geburtskirche in Betlehem.

Bereits am Ende des vierten Jahrhunderts wurde es in Rom in der Kirche Santa Maria Maggiore üblich, eine Krippe aufzustellen; auch in Kunstbildern und Sarkophagen taucht nun zunehmend eine Krippe mit dem Kind auf, ergänzt durch andere Figuren: Maria und Josef, die Hirten und manchmal ihre Tiere. Ochs und Esel werden bei Lukas nicht erwähnt, wohl aber in einem Text des 8. Jahrhunderts, der sich nach Matthäus »Matthäus-Evangelium« nannte (aber nichts mit dem Matthäusevangelium des Neuen Testaments zu tun hat und wegen seiner fantasievollen Darstellung auch kirchlich nicht anerkannt wurde): »Maria legte ihren Knaben in eine Krippe, und Ochs und Esel beteten ihn an.«

Das Motiv Krippe und die Abbildung bzw. Gestaltung von Krippenfiguren waren also bereits seit der alten Zeit der Kirche bekannt. Durch Franz von Assisi gewinnen sie aber ganz neue Bedeutung im Brauchtum und in der Liturgie der mittelalterlichen Kirche. Leonardo Boff, der lateinamerikanische Befreiungstheologe und ehemalige Franziskanermönch schreibt über seinen Ordensgründer: »Drei Jahre vor seinem Tod wollte Franziskus in der Nähe von Greccio möglichst lebensnah die Geburt des Herrn feiern. Er sagte: ›Ich möchte das Gedächtnis an jenes Kind begehen, die bittere Not, die es schon als kleines Kind zu leiden hatte, wie es in eine Krippe gelegt, an der Ochs und Esel standen, und wie es auf Heu gebettet wurde, so greifbar als möglich mit leiblichen Augen schauen‹.«

Franz soll, so die Legende, im Jahr 1223 der Christmette einen besonderen Akzent dadurch gegeben haben, dass er unter dem Altartisch der Kirche von Greccio (ca. 70 km nördlich von Rom) eine Krippe aufbaute und darin ein neugeborenes Kind legte. Um die Geburt Jesu im Stall noch anschaulicher werden zu lassen, baute er darum auch einen Stall mit Ochs und Esel auf. Mitten in diesem Ensemble feierte er dann den Weihnachtsgottesdienst.

Mit diesem unbefangenen Versuch, die Geburt Jesu durch eine realistische Darstellung zu »vergegenwärtigen«, löste

Franz eine Entwicklung aus, die seit dem 13. Jahrhundert nicht nur die kirchlichen Weihnachtsfeiern, sondern zunehmend (ab dem 17. Jahrhundert) auch das häusliche Weihnachten prägte: Die Krippe wird zum wichtigsten und volkstümlichsten Zeichen für Weihnachten und seine kirchliche wie häusliche Feier.

Dabei wurde der Figurenreichtum immer ausgeprägter. Besonders in der Barockzeit und in den neapolitanischen Krippen des 18. Jahrhunderts bestanden die Krippen aus Dutzenden von Figuren, über denen noch einmal Dutzende von Engeln schwebten. Ebenso entstanden Krippen aus regionalen Traditionen heraus. Milieukrippen, die bestimmte landestypische Eigenheiten und soziale Besonderheiten des Umfelds aufgreifen, wurden beliebt.

Auch wurden die Materialien, aus denen man Krippen baute, immer reichhaltiger, nicht nur Holz und Stroh zusammen mit geschnitzten Figuren, sondern gemauerte Häuser mit Fenstern und Türen, dazu Figuren aus Ton oder gar Porzellan, mit kostbaren Stoffen bekleidet. Ganze Landschaften wurden in Miniatur nachgebildet; die Stadt Jerusalem mit ihren Zinnen und goldenen Kuppeln etwa erscheint im Hintergrund des Stalls in der Ferne und bildet einen harten Kontrast zur dargestellten Armut des Geburtsortes Jesu in der Höhle oder dem Stall von Betlehem.

Krippen aus außereuropäischen Ländern, etwa aus Lateinamerika oder Schwarzafrika, aber auch aus China oder Indien, setzen bewusst neue Akzente. Christus wird hier als Mitglied dieser Völker dargestellt – damit geschieht Menschwerdung in neuer Deutung: Dieser Jesus ist nicht nur damals in Israel geboren, er wird auch heute immer wieder mitten unter uns geboren und dies in jedem Land und Volk; er war nicht nur damals für sein Volk der Retter, sondern er ist rettend und helfend in allen Zeiten und an allen Orten zugegen: Christus für alle Menschen.

Die Vielfalt der Krippen kann man heute bei einem Rundgang durch die Kirchen der großen Städte bestaunen.

Für manche Familien oder auch für Gemeindegruppen ist eine solche »Krippenfahrt« eine gute Tradition in den Weihnachtsferien. An manchen Orten gibt es auch eigene Krippenschauen mit mehr musealem Charakter, in denen eine Fülle unterschiedlichster Krippen aus aller Welt zusammengetragen wurden. Hier fällt durch die räumliche Nähe ein Vergleich unterschiedlicher Konzeptionen zum Aufbau von Krippen leicht.

Ein besonderer, mit der Krippe verbundener Brauch ist der des *Kindelwiegens*. Von Kindern, Ordensfrauen oder auch wichtigen Personen der Gemeinde (etwa Ratsherren) wird bei weihnachtlichen Gottesdiensten das Christkind aus der Krippe genommen und mit entsprechenden Liedern gewiegt. Noch heute fällt bei manchen alten Weihnachtsliedern der Dreivierteltakt auf (etwa: »Singen wir mit Fröhlichkeit« – »Hört, es singt und klingt mit Schalle« – »In dulci jubilo« ...), ein Rhythmus, der geradezu zum Wiegen, zum Tanzen und Händeklatschen einlädt: Weihnachten, die Feier der Geburt Jesu ist (neben Ostern) *das* Fest der Christen.

Der Christbaum

Der Christ-, Weihnachts- oder Tannenbaum gehört für die meisten Familien unverzichtbar zur Feier von Weihnachten dazu, er prägt weithin die häusliche Feier von Weihnachten, findet sich aber ebenso im öffentlichen Raum. Bereits Ende November werden an markanten Orten der Städte Christbäume aufgerichtet, am Heiligabend dann schmücken viele Familien mit großer Sorgfalt einen kleinen Baum und geben ihm einen Ehrenplatz in ihrer Wohnung und bei ihren familiären Feiern.

Der Baum ist ein Grundsymbol aller Religionen, er ist zusammen mit Wasser das Symbol des Lebens schlechthin. Bäume verbinden Himmel und Erde, sind Symbol für die Beziehung von Gott und den Menschen. Deshalb können

Bäume Göttersitze sein, ein Weltenbaum (ähnlich dem Weltenberg) bildet den Mittelpunkt der Welt und bindet Oben und Unten, Gott und Menschen aneinander.

Viele Märchen erzählen von Bäumen und von wunderbaren Begebenheiten, die mit Bäumen zusammenhängen. Es gibt heilige Haine, die Dorflinde war früher der Mittelpunkt eines Ortes, unter dem man zu Gespräch und Feier zusammenkam. Sie war aber auch der Baum, unter dem Gericht gehalten wurde und unter dem die entscheidenden Beschlüsse der Dorfgemeinschaft gefällt wurden. Der Maibaum ist ein Festbaum, unter dem getanzt und gefeiert wird – zugleich aber ist er auch ein Zeichen liebender Zuwendung: Junge Burschen richten Maibäume an den Häusern ihrer Mädchen auf.

Auch in der Bibel werden Bäume häufig im Zusammenhang mit besonderen Stätten (etwa die Orakeleiche von Sichem [Gen 35,4; Jos 24,26], die Eichen von Mamre in der Abrahamsgeschichte [Gen 18,1]) oder im Vergleich mit dem Leben der Menschen (etwa Psalm 92) genannt. Doch bereits in den mythischen Urerzählungen am Anfang des Buches Genesis (Gen 2) werden mythologische Bäume genannt. Der Baum des Lebens und der Baum der Erkenntnis von Gut und Böse.

In der Liturgie der Kirche bilden Palm- bzw. Buchsbaumzweige ein Verehrungszeichen, das am Palmsonntag eingesetzt wird und an den Einzug Jesu in Jerusalem erinnert. Christlich wird auch der Kreuzesstamm als Baum des Lebens gedeutet, als neue Heilsverbindung zwischen Gott und den Menschen, als Baum des Lebens (etwa in mittelalterlichen Bildern, wo der gekreuzigte Jesus an einem Baum mit Ästen hängt).

Bereits in vorchristlicher Zeit waren (immer-)grüne Zweige Zeichen der Hoffnung auf die Wende des Winters und das neue Frühjahr. Grüne Zweige dienten als Schmuck am Jahreswechsel (bei den Römern zum 1. März, also zu Beginn des Frühjahrs im Mittelmeerraum). Durch das neu entstehende Leben sollten die Dämonen vertrieben werden. Als magischer Kreis geformt wehrten Zweige dämonische Gefahren ab und wurden deshalb an Haustüren aufgehangen (vgl. unsere heutigen Türkränze).

An solche Vorstellungen knüpften Christinnen und Christen an; sie übernahmen die vorchristlichen Deutungen nicht einfach, sondern veränderten sie aus der Sicht ihres Glaubens. So schmückte man bereits im Mittelalter die Häuser mit immergrünen Zweigen: In der Dunkelheit und Kälte des Winters erinnerte man sich an das neue Leben, das mit der Geburt Jesu in die Welt kam.

Bei Krippenspielen in der Kirche wurde zunehmend auch ein Paradiesbaum aufgestellt – der Ablauf der Heilsgeschichte vom Paradies bis zu Jesus sollte anschaulich dargestellt werden. An einem solchen Paradiesbaum hingen entsprechend der traditionellen Vorstellung Äpfel, bald auch vergoldete Nüsse und Gebäck.

Daran knüpfen zwei Traditionen der beginnenden Neuzeit an, die aus unterschiedlichen Orten Europas berichtet werden und die letztlich zur Entstehung des Christbaums führten. In einer Bremer Zunftchronik von 1570 wird berichtet, dass man bei den weihnachtlichen Zunftfeiern »Dattelbäume« aufstellte, kleine Tannenbäume, die mit Äpfeln, Nüssen, Gebäck und Datteln versehen waren und die am Ende der Feier von den Kindern der Zunftgenossen geplündert wurden.

Aus dem Jahre 1605 stammt ein Bericht aus dem Elsass, der den Anfang des Tannenbaum-Brauchs belegt: »Auff Weihenachten richtet man Dannebäume zu Strassburg in den Stuben auf, daran hencket man Rosen aus vielfarbigem Papier geschnitten, Äpfel, Oblatten, Zischgold, Zucker ...« Dieser Brauch verbreitete sich schnell in der Ober- und Mittelschicht besonders in den protestantischen Teilen Deutschlands (in den katholischen stand die Krippe nach wie vor im Mittelpunkt der Weihnachtsfeier), aber auch in anderen europäischen Ländern.

Zuerst standen solche Tannenbäume nur in den Kirchen, erst nach der »Privatisierung der Weihnacht«, der Verlagerung weihnachtlicher Feiern in die Familien vor allem im 18. Jahrhundert, wurde der Brauch des Tannenbaums auch dort gepflegt. Zunehmend wurden an solche Bäume dann auch Kerzen gesteckt (vgl. zum Brauchtum des Adventskranzes, Seite 69f) und die Lichtsymbolik so mit der Baumsymbolik verbunden: Christus ist Leben und Licht für die Menschen. So ist in einem Bericht aus Straßburg 1785 zu lesen: »Der große Tag kam heran, man bereitete in jedem Hause den Tannenbaum, bedeckt mit Wachskerzen und Zuckerwerk, mit einer großen Illumination.« Im 19. Jahrhundert schließlich wird die Sitte des Weihnachtsbaums auch in katholischen Gebieten übernommen.

Die religionsfeindlichen Regime der Nationalsozialisten und der Kommunisten in der DDR hatten mit einem solchen christlichen Symbol naturgemäß ihre Probleme. Deshalb wurde von den Nationalsozialisten ein angeblicher germanischer Ursprung dieses Brauchs hervorgehoben (auch Parallele zur Weltesche Yggdrasil in der nordischen Mythologie). Der Lebensbaum wurde in der nationalsozialistischen Ideologie zum Symbol einer glücklichen Familie bestimmt. Er hieß natürlich auch nicht länger Christbaum, sondern Weihnachtsbaum. In der DDR wurde er später in Schmuckbaum umbenannt. Angeblich sei ein solcher Baum zu Silvester 1935 in der Sowjetunion erfunden und eingeführt worden. Solche Legenden sind nur allzuschnell als politische Propaganda zu durchschauen.

Der *Schmuck des Christbaums* geht auf unterschiedliche Quellen zurück: Die Tradition des Paradiesbaumes führt zu Äpfeln und später zu Kugeln, die kostbar aus Glas geblasen und in bunten Farben verziert werden. Ebenfalls vom Paradiesbaum leiten sich Nüsse und Gebäck ab, die an den Christbaum gehängt werden. Kerzen und Sterne (aus Stroh, aber auch kostbareren Materialien) haben mit der Lichtsymbolik zu tun. Da der Christbaum in der familiären Feier immer mehr zum Gabenbaum wurde, hängte man auch Spielsachen an seine Zweige.

Regional entwickelte sich eine Fülle von anderem Christbaumschmuck, oft in sehr kunstvoller Weise: Engel und Lametta (Engelshaar), Watte als künstlicher Schnee, Ketten und Schleifen in unterschiedlichen Farben schmücken den Baum, lassen sich aber meist auch in irgendeiner Weise symbolisch deuten (Ketten etwa deuten auf die Befreiung durch Christus hin).

Meist werden an Weihnachten auch *Christrosen* (Schneerose der Gattung Nieswurz, Ursprung Alpen) verschenkt, kleine »Bäume«. Solche Blumen blühen auch bei Eis und Schnee. Mitten in der Kälte des Winters brechen Hoffnung und neues Leben auf – ein Hinweis auf die Liebe Gottes, die die Kälte menschlicher Beziehungen zum Guten wenden kann. Auch die weit verbreiteten *Weihnachtssterne* (auch Adventsstern, Christstern, Gattung Wolfsmilch, Ursprung Mittel- und Südamerika, heute überall inden Tropen) lassen sich in ähnlicher Weise deuten.

Anderes Weihnachtsbrauchtum

Kein Weihnachten ohne *Geschenke* – so scheint es heute. Es ist eine geradezu zwanghafte Pflicht geworden, Geschenke zu machen und Geschenke zu erwidern. Was sich heute in der Konsumgesellschaft als eine weihnachtliche »Materialschlacht« darstellt, hatte ursprünglich einen durchaus sinnvollen Charakter: Man beschenkte vor Weihnachten die Armen, damit sie das Fest mitfeiern konnten. So hatte auch der Guts- oder Hausherr die Pflicht, seine Bediensteten zu beschenken. Dies geschah in der Regel mit Nahrungsmitteln vor allem nicht der alltäglichen Art (also etwa mit Fleisch oder besonderen Backwaren). Auch mussten die Armen im Dorf bedacht werden – Weihnachten wird hier als ein Fest der ausgleichenden Gerechtigkeit verstanden.

Die Bescherung von Kindern war ursprünglich mit dem Nikolaustag verbunden. Am Vorabend füllte man die Schuhe der Kinder mit Süßem oder anderen Esswaren. Die Reformation veränderte dies, weil man die Heiligenverehrung nicht länger mitvollzog und somit auch der Nikolaus seine Bedeutung verlor. Deshalb »schenkte« nun in den reformierten Gebieten nicht länger der Nikolaus, sondern das Christkind. Die Bescherung der Kinder wurde vom Nikolausabend auf das Weihnachtsfest verschoben; Erwachsene schenkten sich nichts.

Erst als Weihnachten etwa ab dem 18. Jahrhundert zunehmend ein Familienfest wurde, vor allem in der Oberschicht, begann man, am ersten Weihnachtstag (nicht Heiligabend) auch an Erwachsene etwas zu schenken, um so die Freude des Festtages zu betonen. Geschenkt wurden Dinge, die über den Alltag hinauswiesen, nichts Lebensnotwendiges wie Nahrung oder Kleidung, sondern Spiele, Süßigkeiten und anderes, was das Leben verschönert.

Kinder erhielten mancherlei Spielzeug, aber auch besonderes Gebäck, etwa Lebkuchen in bestimmten Formen. Solche Geschenke konnten auf den *Weihnachtsmärkten* erworben werden, die zunehmend in den Städten und großen Handelsplätzen entstanden. Weihnachts- oder Christkindl-Märkte (bekannt vor allem der in Nürnberg, 1628 erstmalig erwähnt) stimmten bereits in den Wochen des Advent auf Weihnachten ein, sie bilden auch heute an vielen Orten die Mitte vorweihnachtlichen Treibens. Die ältesten Weihnachtsmärkte sind die von Bautzen (ab 1384), Frankfurt am Main (ab 1393), Köln und München. Diese Märkte gehen auf mittelalterliche Verkaufsmessen zurück.

Zunehmend wurden die Geschenke zur »Mitte« familiärer Weihnachtsfeiern, besonders ab dem 19. Jahrhundert in der Kirche eher fernstehenden Arbeiterfamilien. Die Krippe und andere religiöse Zeichen (wie Kerzen) spielten zwar weiterhin eine Rolle, aber Weihnachten wurde immer mehr zum Familien- und zum Geschenkfest.

Damit hängt auch der Brauch des *Wunschzettels* zusammen, der erst in der Mitte des 19. Jahrhunderts im familiären Rahmen aufkam. Die Kinder schreiben Briefe an das Christkind, in denen sie ihre vielfältigen Wünsche aufführen und um Erfüllung ihrer Wünsche anlässlich der weihnachtlichen Bescherung bitten. Solche Briefe mit Wunschzetteln werden manchmal nicht nur den Eltern, sondern auch der Post anvertraut: Die Postämter in Himmelpforten, Nikolausdorf oder Engelskirchen erhalten jährlich Tausende solcher Kinderbriefe. In Österreich ist es besonders der kleine Ort Christkindl.

Weihnachtspost, also Briefe zum Weihnachtsfest, gab es in der schreibkundigen Oberschicht wahrscheinlich schon länger, aber 1843 wurden in London die ersten Postkarten mit einem Weihnachtsmotiv verschickt. Dies setzte sich in England bald durch, in Deutschland erst nach 1870. Doch bald wurden auch hier Millionen von Weihnachtskarten und Weihnachtsbriefen versandt. Heute verändert sich durch die neuen Medien der Trend wiederum: Viele ersetzen die Karten durch Telefonate, andere verschicken ihren Gruß nicht mit der Post, sondern als E-Mail über den Computer oder als SMS über das Handy.

Das *Weihnachtsessen* ist natürlich ein Festtagsessen. Im Mittelalter war der 24. Dezember ein Fasttag (und die Vorbereitungszeit des Advent eine Zeit des Fastens – ähnlich der Zeit vor Ostern), an dem man sich auf Weihnachten vorbereitete. Entsprechend üppig ging es dann am nächsten Tag mit viel Fleisch und anderen leckeren Dingen zu. In besonderer Weise gehörte auch Fisch zum Weihnachtsessen, der fette Weihnachtskarpfen ist schon sprichwörtlich geworden. Er wurde zum Symbol des Reichtums und Glücks – Wünsche, denen man an den Weihnachtstagen nachträumte. Auch die Weihnachtsgans gehört zu Weihnachten. Sie ist für den Winter gut gemästet worden (vgl. die Martinsgans zum 11. November). In Nordamerika wurde die Gans durch den Puter abgelöst. Besondere Rezepte zur Zubereitung von Gans und Karpfen, von Klößen, Rotkohl und anderen Weihnachtsspeisen wurden von Generation zu Generation weitergegeben, sie unterscheiden sich regional.

Weihnachten hat einen bunten Kranz von *Liedern* hervorgebracht, wie sonst kein anderes Fest und keine andere Jahreszeit außer vielleicht dem Frühling. Im Mittelalter waren dies vor allem Lieder, die mit den Krippenspielen in Beziehung standen: Lieder zum Kindleinwiegen, zur Herbergssuche, zur Verehrung des Kindes durch die Hirten ...

Die Reformation fügte solchem Liedgut eher besinnliche und theologisch anspruchsvollere Texte hinzu. Hier geht es um die Besinnung auf Christus, den Herrn, der sich an Weihnachten den Menschen zeigt. Beispiele sind etwa: »Es kam ein Engel hell und klar« von Martin Luther (1535) oder »Ich steh an deiner Krippe hier« von Paul Gerhardt (1653). Auf katholischer Seite steht dem etwa das »Zu Betlehem geboren« von Friedrich von Spee (1637) gegenüber.

Im 18. und 19. Jahrhundert entstanden eher gefühlvolle Lieder, die eine romantische Stimmung verbreiteten, mit der biblischen Botschaft aber nicht mehr viel zu tun haben. Das bekannteste unter solchen Liedern ist das 1818 im Salzburger Land entstandene »Stille Nacht, heilige Nacht« (Verfasser/Komponist: Josef Mohr/Franz Xaver Gruber), das heute in fast allen Sprachen der Welt gesungen wird und von vielen als *das* Weihnachtslied angesehen wird.

Neben den Liedern entstand auch *Instrumentalmusik* mit weihnachtlichem Charakter, vor allem Flötenmusik und Stücke für andere Blasinstrumente. Regional kommen dann weitere Instrumente hinzu, etwa die Zither in den alpenländischen Gebieten.

Die Texte der Weihnachtslieder drücken mehr oder weniger stimmungsvoll die weihnachtliche Botschaft aus. Sie erzählen in ihrer Weise die Geburtsgeschichte, schmücken sie oft mit vielen Bildern aus, beziehen das Geschehen der Geburt Jesu auf das Leben der Menschen in anderer Zeit (etwa: »Zu Betlehem geboren ist *uns* ein Kindelein«), sind also in der

Regel *Glaubenslieder*. Wer mit dem christlichen Glauben nichts anfangen kann, dem bleibt allerdings von der weihnachtlichen Musik nicht viel, gerade noch »O Tannenbaum« oder das amerikanische »Jingle bells«, das zur typischen Kaufhausmusik in der Vorweihnachtszeit geworden ist. Für Kinder gibt es heute auch eine Fülle neueren religiösen Liedguts zu Advent und Weihnachten – dabei auch Lieder, die nicht immer von christlichen Vorstellungen geprägt sind.

An manchen Orten, besonders in den Alpen ziehen kleine Sängergruppen (Kinder oder auch Erwachsene) von Haus zu Haus und verkünden mit ihren Liedern die weihnachtliche Freude. Dies kann in Beziehung zum Sternsingen stehen, aber auch einen eigenen Ursprung haben. In einer säkularisierten Welt erinnern Weihnachtskonzerte von Chören und Orchestern auf ihre Art an den Ursprung dieses Festes.

Der zweite Weihnachtstag, der Gedenktag des heiligen *Stephanus*, kennt nur wenig eigenes Brauchtum. Manchmal nahm man früher Krüge mit Wasser in die Kirche mit, die gesegnet wurden und dann als Schutz gegen böse Einflüsse, gegen Geister und Dämonen wirken sollten (Stephanswasser). Hier ist die Symbolik des Wassers als Lebenskraft mit Weihnachten (Jesus als Leben der Welt) und mit dem Märtyrertod des Stephanus verbunden.

Die Tage nach Weihnachten

In den Tagen nach Weihnachten wird die weihnachtliche Thematik fortgeführt, besonders gilt dies für den 6. Januar. Zugleich aber gibt es einige zusätzliche Impulse, die sich auch auf das Brauchtum ausgewirkt haben. Dies betrifft vor allem den bevorstehenden Jahreswechsel.

Der 27. Dezember ist der Johannestag, der Gedächtnistag des Apostels *Johannes*. Von ihm erzählt die Legende, dass er einen ihm gereichten Giftbecher ohne Folgen geleert habe. Von da aus wird in manchen Winzerorten Wein gesegnet.

Am 28. Dezember ist der *Tag der Unschuldigen Kinder*. Man gedenkt der beim Kindermord durch Herodes in Betlehem umgekommenen Kinder (vgl. Mt 2,16–18). Auch wenn man kaum von einem historischen Ereignis ausgehen kann (vgl. das Kapitel »Weihnachten – Die Botschaft der Bibel«), so macht ein Tag, an dem man der vielfältigen Not von Kindern in der Welt gedenkt, durchaus Sinn. Der Tag war im Mittelalter als »Tag der Kinder« bedeutsam: Die Kinder (Jungen) konnten an diesem Tag in den Klosterschulen bestimmen, einer von ihnen war der Abt oder Bischof – so gab es eine verkehrte Welt, in der einmal die Kleinen das Sagen hatten. Damit ist durchaus ein Aspekt des Evangeliums aufgegriffen (vgl. etwa das Magnificat, Lk 1,46ff).

Der Sonntag nach Weihnachten ist in der katholischen Kirche das *Fest der Heiligen Familie*. Dabei blickt man zurück auf die Heilige Familie (von der man allerdings wenig weiß), schaut aber ebenso auf Familiensituationen unserer Zeit. Das in der Vorstellung ideale Leben der Heiligen Familie soll zum Vorbild für Familien auch anderer Zeiten werden. Die Kirche wird dabei zum Fürsprecher für Familien. Oft gibt es Gottesdienste, in denen Familien oder wenigstens die Kinder in besonderer Weise eingebunden sind.

Die Tage von Weihnachten bis zum 6. Januar wurden auch als *Zeit zwischen den Jahren* bezeichnet. Nach altem Brauch zählt diese kälteste und dunkelste Zeit als Zeit der Raunächte, in denen die bösen Dämonen besonders viel Macht über die Menschen hatten. Dagegen ging man dadurch an, dass man das Haus gründlich aufräumte und dann mit Weihrauch ausräucherte. In dieser »bösen Zeit« durfte man nicht backen, deshalb mussten vorher möglichst viele Backwaren für diese Tage hergestellt werden. Man sieht darin einen wesentlichen Grund für das Entstehen von Stollen und anderen Weihnachtsbäckereien, die sich über längere Zeit halten.

Heute werden als Zeit zwischen den Jahren oft nur die Tage vom 27. bis 31. Dezember verstanden. Mit dem Neujahrstag beginnt dann auch ein neuer Zeitabschnitt.

Silvester und Neujahr

Der Termin des 1. Januars als Beginn eines neuen Jahres geht auf die durch Julius Cäsar 46 vor Christus erfolgte Kalenderreform zurück. Vorher war der 1. März im Römischen Reich der Jahresbeginn, der März also der erste Monat des neuen Jahres (vgl. die Monatsnamen September [= der 7. Monat] bis Dezember [= der 10. Monat]). Der Anfang des bürgerlichen Jahres ist mehr oder weniger willkürlich festgelegt – vielleicht spielt die Nähe zu den dunkelsten Nächten eine Rolle (die Wintersonnenwende liegt allerdings etwas früher (21. oder 22. Dezember): Von diesem Tag an geht es wieder aufwärts, hat die Sonne wieder mehr Kraft und gibt mehr Licht in der winterlichen Dunkelheit.

Von der Gregorianischen Kalenderreform 1582 wurde der 1. Januar als Neujahrstermin bestätigt. Damit war auch der 31. Dezember als letzter Tag des bürgerlichen Jahres bestimmt. Er war seit alter Zeit in der westlichen Kirche der Gedenktag des Bischofs von Rom (Papst) Silvester (314–335), der an diesem Tag gestorben sein soll (in der orthodoxen Kirche am 15. Januar).

Entgegen dem allgemeinen Kalender geht das *Kirchenjahr* in seinem Jahresablauf andere Wege. Es versteht sich von seinen theologischen Inhalten her und nimmt dementsprechend den Advent, die Zeit der Erwartung, als Beginn. Der erste Adventssonntag ist demnach kirchlich der Jahresbeginn. Andere Völker und Kulturen haben wiederum andere Termine für den Jahresbeginn (etwa im Judentum, in den muslimischen Ländern [wechselnd nach Mondkalender, deshalb auch der Fastenmonat Ramadan wechselnd], in China, in Thailand und anderen Ländern).

Der Jahreswechsel bringt allerlei *Brauchtum* mit sich. Dahinter steht zum einen die Abwehr böser Mächte, die mit viel Lärm und Unruhe vertrieben werden sollen und in der Regel vor- oder außerchristlichen Ursprungs sind. Zum anderen steht der Blick nach vorn im Vordergrund, der sich in

Orakelbräuchen, in Neujahrswünschen und Glückszeichen äußert. So werden am Jahreswechsel die Befürchtungen der Menschen zurückgedrängt, ihre Hoffnungen und Erwartungen, auch gute Vorsätze für das neue Jahr, künden vom Neubeginn. Gemeinsam wird das Alte beendet und das Neue begonnen. Dies hat sich gehalten im gemeinsamen Silvesteressen (vielleicht mit anschließendem Ball oder einer Feier bis ins neue Jahr hinein). Heute gibt es in den großen Städten oft auch gemeinsame öffentliche Feiern auf großen Plätzen (in Berlin etwa vor dem Brandenburger Tor).

Nicht nur mussten die Dämonen mit viel Lärm vertrieben werden, auch will man das neue Jahr entsprechend kräftig begrüßen. Deshalb läuten in der Silvesternacht die Glocken, deshalb wird mit Krachern, Böllern und Raketen ein Höllenspektakel gemacht, heute nicht nur eine Beanspruchung der Ohren, sondern zunehmend auch eine Augenweide durch bunte Farben und die vielen unterschiedlichen Formen der Raketen. An manchen Orten gibt es noch den aus dem Mittelalter stammenden guten Brauch der Turmbläser, die mit Posaunen und Trompeten das neue Jahr begrüßen und die guten Wünsche zu Neujahr in musikalischer Form ausdrücken.

Zum neuen Jahr wünscht man sich Glück und Gottes Segen. Seit dem 15. Jahrhundert gibt es schriftliche *Neujahrsgrüße* mit darauf abgedruckten Wünschen, Neujahrssprüchen und besinnlichen Texten. Verbunden sind damit häufig auch Glückssymbole. Das vierblättrige *Kleeblatt* ist ein solches Symbol; es ist so selten, dass man schon viel Glück haben muss, um es zu finden. Zudem hat es die Form eines Kreuzes. Das *Glücksschwein* wird manchmal auf den wilden Eber, das Opfertier der Germanen bezogen. Eher aber leitet es sich von einem alten Kartenspiel ab, bei dem auf der höchsten Spielkarte ein Schwein abgebildet war.

Wieder andere Glückssymbole sind das *Hufeisen* und der schwarz gekleidete *Schornsteinfeger*. Der schwarze Mann soll im neuen Jahr Glück bringen. Dies hängt wahrscheinlich damit zusammen, dass durch die Arbeit des Schronsteinfegers ein Haus vor Brand und Schaden bewahrt wird. Hufeisen wurden früher mit der Öffnung nach unten über der Haustüre aufgehängt. Man glaubte, dass der Teufel bzw. böse Mächte nicht unter einem Eisenbogen hindurchgehen – um Schutz und Segen geht es also auch bei diesem Glückszeichen. Ein *Glückspfennig* (jetzt Glückscent?) im Portemonee soll dazu beitragen, dass das ganze Jahr genug Geld in der Kasse ist – wie der Anfang, so das ganze Jahr.

Der Jahresbeginn soll in Gemeinschaft verbracht werden. Dazu trägt das Neujahrssingen bei: Sängergruppen bringen Freude in die Häuser und Familien. Dass solche Sänger entsprechend mit kleinen Gaben beschenkt werden, versteht sich von selber. Auch sonst macht man sich kleine Geschenke am Neujahrstag, etwa ein Marzipanschweinchen oder anderes Backwerk. Solches Neujahrsgebäck gibt es in vielfältiger Form: Neujährchen, Neujahrszopf, Neujahrskringel, Neujahrskranz, Lebkuchengebäck. Die runde Form eines Kranzes (ähnlich beim Zopf) ist dabei ein Sinnbild für den Kreislauf eines Jahres.

Der Neubeginn soll sich auch auf die menschlichen Beziehungen auswirken. Deshalb bemüht man sich um Gemeinschaft und Versöhnung und nimmt sich ein friedliches Zusammenleben neu vor. Nach jüdischer Tradition sollen die alten Schulden noch vor Beginn des neuen Jahres getilgt werden. Ebenso soll man keinen Grimm und Ärger mit ins neue Jahr tragen – unbelastet von allem Alten soll das neue Jahr begonnen werden. Dies kann sich dann in einem Neujahrstanz ausdrücken oder – in den Niederlanden – in einem unbeschwerten Neujahrsschlittschuhlaufen. Auch gibt es zu Neujahr neue Kleidung. Neujahrsbesuche und Neujahrsempfänge machen ebenfalls einen Neubeginn deutlich. Meist werden dabei gute Vorsätze geäußert oder gar programmatische Reden im Blick auf das kommende Jahr gehalten: Der Jahresbeginn wird als Anlass zu einem Neubeginn unter den Menschen gesehen.

Dreikönige

Das Fest *Epiphanie* oder *»Erscheinung des Herrn«* ist gleichsam ein zweites Weihnachtsfest; es schließt zugleich den Weihnachtsfestkreis (vgl. das Kapitel »Weihnachten – die Liturgie«). Während am 25. Dezember die Menschwerdung Jesu gefeiert wird und entsprechend seine Menschlichkeit im Vordergrund steht, ist es am 6. Januar seine Göttlichkeit, seine Gottebenbildlichkeit, die verehrt wird. An Weihnachten kommen die Hirten, die Vertreter der Armen und Geringen im Volk, am Fest Erscheinung des Herrn die Sterndeuter (die Weisen, die Könige, die Mächtigen), um dem neugeborenen Gotteskind zu huldigen.

Im Volksmund wird das Fest nach wie vor *»Fest der Heiligen Drei Könige«* genannt, auch das Brauchtum ist von den Dreikönigen bzw. vom aus ihnen entstandenen Sternsingen wesentlich bestimmt. Dabei dachte man vor allem über die Sterndeuter aus dem Osten nach, von denen Matthäus in der »Weihnachtsgeschichte« erzählt (vgl. Mt 2,1–12). Mit solchen Weisen können sternkundige Männer gemeint sein, wie es sie im Altertum an jedem Königshof als Beamte und Berater des Königs gab. Sie hatten in der Regel wegen ihres Wissens großen Einfluss, allerdings waren sie auch Herren über besondere Kräfte, die sie schützend und helfend, aber auch in bedrohlicher Weise einsetzen konnten. Von ihnen erhoffte man sich Rat und Hilfe und zugleich Abwehr von Bösem und Dämonischem. Sie waren zugleich Traumdeuter und Seher (»einen Stern gesehen«): Im Traum sieht man eine andere Welt, sieht tiefer und kann das Wirken Gottes im Leben erkennen (vgl. bei Matthäus die Träume des Josef).

Die Zahl der Sterndeuter nennt Matthäus in seinem Evangelium nicht. Entsprechend gibt es unterschiedliche Angaben auf den ältesten Abbildungen, etwa zwei oder vier. Bereits der Kirchenvater Origenes (185–254 n. Chr.) spricht zu Beginn des dritten Jahrhunderts aber von drei Magiern, und auf diese Zahl legte sich die kirchliche Tradition später fest.

Dies geschah wohl wegen der drei Geschenke Gold, Weihrauch und Myrrhe, die folglich auch von drei Geschenkgebern überreicht worden sein mussten.

Diese Gaben waren sehr kostbare Geschenke, die eigentlich nur bei besonderen Anlässen angebracht waren. *Gold* brachte man dem König als Tributgabe; *Weihrauch* wurde zur Verehrung der Götter genutzt und im Tempel verbrannt; das Balsam *Myrrhe* wurde zum Einbalsamieren eines Leichnams gebraucht, diente also dem sterblichen Menschen und der Hochschätzung dieses Menschen. Aus solcher Sicht konnte man die drei Gaben der Sterndeuter im Kontext christlichen Glaubens auf Jesus anwenden:

• Jesus ist König und Herr der Welt, der deshalb zu Recht mit dem Wertvollsten (Gold) beschenkt wird.

• Jesus ist ganz Gott und muss deshalb wie ein Gott verehrt werden (Verbrennen von Weihrauch).

• Jesus ist ganz Mensch und deshalb sterblich – daran erinnert die dritte Gabe (Myrrhe).

Diese Einheit von Gott und Mensch in Jesus, dem Herrn und König, haben die großen Konzilien der ersten Jahrhunderte (von Nizäa, 325 n. Chr., bis Chalzedon, 451 n. Chr.) als Glaubensbekenntnis der Christen formuliert.

Königliche Geschenke, so überlegte man bald weiter, konnten eigentlich nur von Königen selbst geschenkt werden. So wurden aus den »drei« Sterndeutern bald drei »Könige«. Dies bezog man aber auch auf Verse der Bibel, etwa auf Ps 72,10–11, wo es über den erhofften Friedenskönig heißt: »Die Könige von Tarschisch und von den Inseln bringen Geschenke, die Könige von Saba und Seba kommen mit Gaben. Alle Könige müssen ihm huldigen, alle Völker ihm dienen.« Seit dem 10. Jahrhundert finden sich Bilder, die die Weisen als Könige mit Kronen darstellen.

Man dachte auch über die Namen dieser Könige nach. In der frühen Zeit wurden sie unterschiedlich angegeben, schließlich ergaben sich *Caspar*, *Melchior* und *Balthasar*. Der Grund für diese Namen kann darin liegen, dass entsprechend einem alten Brauch bei einer Haussegnung die Abkürzung des lateinischen Segensspruches »*C*hristus *m*ansionem *b*enedicat« (»Christus segne dieses Haus«) an die Tür geschrieben wurde. Zu einer Zeit, in der viele Menschen kein Lateinkenntnisse mehr hatten und deshalb mit dem alten Segenspruch nichts anzufangen wussten, wurden die drei Buchstaben »C – M – B« dann auf die Namen der Könige bezogen. Diesen Segensspruch »C – M – B« schreiben die Sternsinger noch heute auf oder über die Türen der Häuser, die sie bei ihrem Rundgang besuchen.

Die Namen der Könige haben altorientalischen Hintergrund: Caspar ist ein persischer Name und heißt »Schatzmeister«. Melchior ist das hebräische Wort für »König des Lichts«. Balthasar stammt aus dem Aramäischen und bedeutet »Gott soll schützen«. Seit dem achten Jahrhundert wird zunächst Caspar, dann Melchior als Schwarzer dargestellt. Die drei Könige gelten nunmehr als Vertreter der drei damals bekannten Kontinente Asien, Europa und Afrika. Auch symbolisieren sie die drei Lebensalter Jugend, erwachsener Mann und Greis. Alle Völker und alle Altersgruppen finden sich also in ihnen wieder – alle kommen zum neugeborenen Jesuskind, um es zu ehren.

Die Drei Könige wurden zu *Schutzpatronen* der Reisenden. Viele Gasthäuser tragen deshalb auch heute noch Namen, die auf sie hinweisen, z. B. Krone, Mohr, Stern ... Am Vorabend des Dreikönigstages gab es oft ein fröhliches Mahl, bei dem ab dem 13. Jahrhundert der »Bohnenkönig« dadurch ausgelost wurde, dass man eine Bohne (auch Nuss, Mandel, Erbse) in einen Königskuchen einbuk. Wer die Bohne in seinem Stück hatte, wurde König, konnte für einen Tag die Familie regieren und sich aus den Anwesenden einen ganzen Hofstaat zusammenstellen. Von hier aus gibt es durchaus eine Beziehung zum bevorstehenden Karneval.

Die Verehrung der Heiligen Drei Könige führte auch dazu, dass ihre Reliquien verehrt wurden. Diese sollen bereits durch Kaiserin Helena im vierten Jahrhundert aufgefunden und über Konstantinopel nach Mailand gelangt sein. Von dort brachte sie der Reichskanzler Kaiser Friedrich Barbarossas, Rainald von Dassel, nach der Eroberung Mailands 1164 nach Köln. Im kostbaren Reliquienschrein (»Dreikönigsschrein«), dem größten Schrein des Mittelalters, wurden und werden diese Reliquien seitdem im Chor des Kölner Doms verehrt. Dabei geht es wie bei allen Reliquien weniger um die Frage der »Echtheit« dieser Gebeine, als darum, dass sich der Glaube in bestimmten Zeichen äußert und konzentriert. Die Verehrung solcher Reliquien gilt deshalb nicht den Gegenständen selbst, sondern Christus oder den Heiligen, an die durch die Reliquien erinnert wird.

Seit dem ausgehenden Mittelalter gibt es am 6. Januar das Stern- oder das Dreikönigssingen. Erwerbslose Handwerker, später auch Kindergruppen, zogen lärmend und singend mit dem Bettelsack von Haus zu Haus und erbettelten Nahrungsmittel, vor allem allerhand Süßigkeiten. Sie waren als die drei Könige verkleidet, einer meist auch als Schwarzer geschminkt. Außerdem trugen sie einen Stern mit sich und waren daran zu erkennen.

Dieser Brauch ging weithin unter, hielt sich nur noch in einigen Bereichen der Alpen. Durch den Bund der Deutschen Katholischen Jugend zusammen mit dem Kindermissionswerk wurde das Sternsingen in den 60er Jahren des 20. Jahrhunderts in Deutschland neu belebt, allerdings mit einem neuen, zeitgemäßeren Sinn versehen. Nun singen Kinder und Jugendliche nicht für sich, sondern für notleidende Kinder überall auf der Welt: »Wir kommen daher aus dem Morgenland, wir kommen geführt von Gottes Hand. Wir wünschen euch ein fröhliches Jahr. Kaspar, Melchior und Balthasar.« Inzwischen umfasst die Sternsingeraktion fast alle katholischen und immer mehr evangelische Gemeinden – sie ist zur größten Hilfsaktion der Welt von Kindern für Kinder geworden und erbringt jährlich beachtliche Geldsummen für viele Kinderhilfsprojekte in Asien, Ozeanien, Lateinamerika und Afrika.

Weihnachten –
Brauchtum in anderen Ländern

Hoch am Himmel steht ein Stern,
spricht von Christus, unserm Herrn.
Freut euch alle, groß und klein,
denn Gott lässt uns nicht allein:
Auf der ganzen weiten Erde
soll nun Frieden sein.
Diethard Zils

Umfangreiches Weihnachtsbrauchtum gibt es nicht nur in Deutschland, sondern in allen Ländern, die mit dem Christentum in Berührung gekommen sind. Allerdings unterscheidet sich die Feier der Weihnacht dort aus klimatischen und gesellschaftlichen Gründen erheblich von unserer Feier. Auch prägt die Art der Übernahme christlichen Glaubens stark die Feier von Weihnachten und damit verknüpftem Brauchtum. Dazu einige Beispiele:

• *Niederlande:* Anders als nach der Reformation in Deutschland ist in den Niederlanden, aber auch im belgischen Flandern, der »Sinterklaasavond« (Nikolausabend) von hoher Bedeutung und mehr als Weihnachten Anlass zu Geschenken. Gut und Böse, Hell und Dunkel, Weiß und Schwarz spiegeln sich in den beiden Gestalten wider, die am Nikolausabend unterwegs sind und die Familien besuchen: Der wie ein Bischof (und damit richtig) gekleidete Nikolaus wird vom Schwarzen Peter (»zwarte Piet«) begleitet (vgl. auch Seite 76). Beide kommen, so wird den Kindern erzählt, mit dem Schiff aus südlichen Ländern (die Herkunft des Nikolaus aus Kleinasien/Türkei mag dadurch erinnert werden). In den Niederlanden dann füllen sie die Stiefel der Kinder mit Süßigkeiten und anderen Geschenken. Auf den Nikolaustag hin richtet sich weihnachtliches Brauchtum in den Niederlanden aus, weniger auf Weihnachten selbst.

• *Skandinavien:* In den skandinavischen Ländern finden sich im Zusammenhang mit weihnachtlichem Brauchtum noch starke Anklänge an vorchristliches Brauchtum: *Jul*, das Julfest, ist das altgermanische Fest zur Wintersonnwende (»Julmond« = »Dezember«). Von diesem Namen leitet sich mancherlei Brauchtum ab: Der *Julbock*, eine aus Stroh hergestellte Puppe in Gestalt eines Bocks, symbolisiert Fruchtbarkeit und brachte früher die Geschenke; heute ist dies der *Jultomte*, der Weihnachtsmann. Der *Julblock*, ein großer brennender Holzklotz, symbolisiert den Übergang von Dunkelheit zum Licht, von der Kälte des Winters zur Wärme des Frühjahrs und des Sommers. Auch wird in diesen Ländern das *Julbord* gepflegt, ein weihnachtliches Essen für Familie, aber auch als Betriebsfeier mit üppigem Essen gestaltet. Der finnische Weihnachtsmann (*Joulupukki*) wohnt in Lappland und fährt auf einem Rentierschlitten zu den Menschen. In den skandinavischen Ländern, vor allem in Schweden und Dänemark, hat das Luciafest am 13. Dezember mit seiner Lichtsymbolik eine hohe Bedeutung – angesichts der langen winterlichen Dunkelheit im Norden Europas verständlich (vgl. Seite 77).

• *Spanien:* Anders als in den »kalten« Ländern nördlich der Alpen ist Weihnachten in Spanien ein eher öffentliches Fest. Man zieht am Heiligabend durch die Straßen der Stadt und singt ausgesprochen lebhafte Lieder, deren Rhythmus von kleinen Trommeln vorgegeben wird. Das fröhliche Singen und Lärmen dauert bis in den späten Abend. Um Mitternacht trifft man sich, weiterhin diese fröhlichen Lieder singend, zur Mitternachtsmesse in der Kirche. In jeder Wohnung findet man ein »nacimiento«, eine Krippe, bestehend aus möglichst vielen bunten Figuren. Einen Christbaum gab es früher nicht, heute wird dieser Brauch manchmal von den Nordländern übernommen. Am Weihnachtstag trifft sich dann die ganze Familie zu einem festlichen Mittagessen – meist ist es ein Truthahnbraten. Danach erst werden in neuerer Zeit die Geschenke verteilt. In vielen Familien geschieht dies erst am Dreikönigstag in Erinnerung an die Gaben der Sterndeuter aus dem Osten: Die Heiligen drei Könige haben damals Jesus beschenkt, sie beschenken auch heute die Menschen. Ein das ganze Land aufwühlendes Ereignis ist die Ziehung der Weihnachtslotterie am 22. Dezember mit unermesslich hohen Gewinnen.

• *Polen:* Erst in den letzten Jahren hat die Kommerzialisierung des Festes zum Teil Einzug auch in Polen gehalten. Dennoch ist Weihnachten dort stark religiös geprägt. Im Mittelpunkt des Festes steht die Mitternachtsmesse. Danach ist dann zu Hause Bescherung. Die Krippe ist die Mitte der häuslichen Feier, allerdings gibt es auch einen Christbaum. Die Heilige Nacht ist von solcher Besonderheit, dass man in ihr sogar die Sprache der Tiere verstehen kann. Die Geschenke bringt der Weihnachtsmann oder der »alte Josef«. Am Tisch beim Essen hält man einen Stuhl frei – der Herr soll, wenn er zu Besuch kommt, einen Platz finden. Das Essen selbst ist eher ein Fastenessen mit Fisch, Sauerkraut und Backobst – von allem aber gibt es mehr als reichlich. Insgesamt feiert man Weihnachten eher still im Kreis der Familie. Doch wird beim Essen jeweils ein Gedeck mehr aufgelegt – für einen unvermuteten Gast oder als Sinnbild für Christus, der im Hause willkommen sein soll.

• *Slowenien:* Dies wird in Slowenien anders gesehen. Dort sind Gäste beim weihnachtlichen Mahl der Familie nicht gern gesehen – sie sollen im nächsten Jahr Unglück bringen. Wie in vielen Ländern mit christlicher Tradition ist auch in Slowenien die Adventszeit (sogar auf sechs Wochen vom 13. November an ausgedehnt) eine Zeit des Verzichts und des Fastens. Umso fröhlicher kann man dann Weihnachten feiern und dabei das Haus segnen.

• *Ungarn:* Das Festessen an Weihnachten besteht in Ungarn vor allem aus Fisch: Fischsuppe, gebratener Karpfen ... Ähnlich den Sternsingern in Deutschland gehen ungarische Kinder in den Tagen nach Weihnachten durch ihr Dorf und führen Krippenspiele auf, um mit dem dabei gesammelten Geld arme Familien zu unterstützen.

- *Rumänien und Bulgarien:* In beiden Balkanländern ist der erste Weihnachtstag von umherziehenden Sängern geprägt, die muntere Weihnachtlieder singen und dafür natürlich beschenkt werden. Ihr Symbol ist ein großer Stern auf einem Stab – ähnlich den Sternsingern in Deutschland.

- *Russland:* Nicht der Weihnachtsmann oder das Christkind bringt in Russland die Gaben, sondern »Väterchen Frost«, der auf einem von drei Pferden gezogenen Schlitten durch die Dörfer fährt und zusammen mit seiner Enkelin, dem »Schneemädchen« die Menschen beschenkt. Am Heiligen Abend gibt es in gläubigen Familien ein Festessen mit zwölf Gängen – für jeden der zwölf Apostel ein eigener Gang, so will es die Tradition der orthodoxen Kirche.

- *Libanon:* Wichtiger als Weihnachten ist für die Christen im Libanon die Feier von Ostern. Nur in den Städten haben Menschen europäisches Brauchtum (Christbaum, Bescherung ...) übernommen. Allerdings kennt man die Krippe und baut sie mit viel Fantasie auf. Der Weihnachtstag ist ein Christustag, der zweite Weihnachtstag aber ein Marientag, an dem man Maria verehrt, die uns den Erlöser geschenkt hat.

- *Ostasien:* In Fernen Osten (China, Taiwan, Japan, Korea) haben inzwischen aus Amerika stammende Bräuche des kommerzialisierten Schenkens Einzug gehalten. Aber man hört dort auch in Hotels und Kaufhäusern europäische Weihnachtslieder aus den Lautsprechern. Allein in Südkorea ist wegen des hohen christlichen Bevölkerungsanteils (ca. ein Drittel) der erste Weihnachtstag als allgemeiner Feiertag arbeitsfrei – dann kommt der koreanische Weihnachtsmann »Großvater Santa« und beschenkt Groß und Klein. Südkoreanische Christen ziehen nach dem nächtlichen Weihnachtsgottesdienst zu älteren Gemeindemitgliedern, wo sie miteinander ein Festmahl halten: Weihnachten schafft Gemeinschaft.

- *USA:* In den Vereinigten Staaten kommt Santa Claus, der Weihnachtsmann (ein kommerzialisierter Nikolaus), vom

Nordpol und bringt die Geschenke für das Hauptfest des ganzen Jahres, für Christmas, Xmas, Jule. Der große Anteil jüdischer Amerikaner feiert zur gleichen Zeit das jüdische Lichterfest Chanukka, das mit seinem Brauchtum Anleihen beim christlichen Weihnachtsfest vorgenommen hat.

• *Mexiko:* Ähnlich wie in Spanien ist Weihnachten eher ein Fest der Gemeinschaft als ein Fest im privaten Rahmen. So gibt es an Weihnachten in Mexiko und in ganz Lateinamerika Straßenprozessionen, bei denen die Szenen der Geburt Jesu spielerisch nachgestellt werden. Dies ähnelt den Prozessionen, die in Spanien und Mittelamerika in der Semana Santa, der Heiligen Woche von Palmsonntag bis Ostern die Szenen des Leidens Jesu nachspielen – nur ist der Anlass an Weihnachten natürlich fröhlicher. Man kommt zu einem gemeinsamen Fest zusammen, singt und spielt. Die Musik ist geprägt von Gitarren und Geigen, von Trompeten und Flöten und fröhlich-festlichen Klängen. So zieht man am Nachmittag des Heiligabend mit Gesang und Instrumentenspiel zur Kirche. Dort versammelt man sich in froher Runde, man isst und trinkt zusammen, selbst Chicha (Maisbier) und Zuckerrohrschnaps fehlen nicht. Erst in der Nacht geht man zu dem Haus des Dorfes, in dem die Figur des Jesuskindes aufbewahrt wurde. Dort werden Kerzen angezündet, danach wird die Geschichte von der Geburt Jesu erzählt. Ein Mädchen darf dann das Jesuskind zur Kirche tragen. Ihm folgen alle in festlicher Prozession. Dies ist ein durchaus lautes Geschehen: Es gibt nicht nur Musik und Gesang, vielmehr lassen die Jungen auch Raketen steigen und brennen Knallkörper ab. In der Kirche dann legt man das Christkind in die Krippe und feiert die Mitternachtsmesse.

Gleich welches Brauchtum in den verschiedenen Ländern gepflegt wird, immer geht es darum, sich durch die alten Traditionen für die Frohe Botschaft von Weihnachten zu öffnen: Gott ist Mensch geworden und in Jesus mitten unter uns gegenwärtig.

Weihnachten – Fest des Lebens

Weil Gott in tiefster Nacht erschienen,
kann unsre Nacht nicht traurig sein!
Der immer schon uns nahe war,
stellt sich als Mensch den Menschen dar.
Dieter Trautwein

Alle Jahre wieder – wie feiern Weihnachten. Alle Jahre wieder – wir denken an ein Kind, das vor zweitausend Jahren geboren wurde. Alle Jahre wieder – wir lassen uns anrühren von dem Kind in der Krippe, von den Hirten auf dem Felde, vom Verkündigungsengel. Nicht nur Christen feiern Weihnachten, sondern auch Menschen, die mit christlichem Glauben nichts zu tun haben, auch Menschen aus anderen Religionen. In Dubai gibt es jedes Jahr den »wertvollsten« Weihnachtsbaum, 13 Meter hoch und über und über mit Edelsteinen behangen – Weihnachten auf arabisch.

All das hinterlässt ein zwiespältiges Gefühl. Schön, Weihnachten zu feiern, schön, sich über Wochen auf dieses Fest gefreut zu haben, schön, dass Menschen rund um die Erde in der Feier dieses Festes vereint sind – gleich ob Christen oder nicht. Aber auf der anderen Seite: Was feiern wir eigentlich? Was hat das alte, seit dem vierten Jahrhundert von Christen und in unserer Zeit auch von vielen Nichtchristen gefeierte Weihnachten eigentlich mit unserer Zeit zu tun? Was taugt Weihnachten für Menschen von heute?

Gott wird Mensch

Das ist die christliche Sicht von Weihnachten: Dass Gott Mensch wird, dass er, der Unnahbare und Unfassbare in einem kleinen Kind geboren wird, in diesem Jesus von Nazaret, von dem die Weihnachtslegende erzählt, dass seine Geburt in der Davidsstadt Betlehem unter wunderbaren Zeichen geschah. Christen bekennen, dass Gott, der Ferne, und zugleich dem Menschen Zugewandte, ein liebender Gott ist. Christen bekennen, dass dieses Kind und später der Mann Jesus die Liebe Gottes widerspiegelte und so der »Gott-mit-uns«, der Immanuel war. Menschwerdung, Inkarnation Gottes in Jesus.

Auch wenn Christen dieses Geschehen um den Mann aus Nazaret, das Ebenbild Gottes, als einzigartig und unüberbietbar verstehen, diesen Jesus deshalb mit dem Ehrentitel »Messias«, »Christus«, »Gesandter Gottes« belegen – so einmalig ist dies alles nicht in der Geschichte der Menschen und der Religionen. Dass Gott, die Gottheit, die Götter sich offenbaren in menschlichem Geschehen, dass Gott auf den Menschen in Liebe und Fürsorge zukommt, das finden wir durchaus in anderen Religionen, in alten wie in heutigen – in völlig anderer Sprache und anderer Bilderwelt zwar, aber im gleichen Grundgedanken einer Bewegung von Gott her auf den Menschen zu.

• Im *Hinduismus* etwa kommt der Gott Vishnu immer dann in neuen Erscheinungsformen, in Inkarnationen, Avataras zur Welt, wenn Unheil und Not bei den Menschen überhand nehmen. Hilfreich wendet er sich in seinen verschiedenen Inkarnationen den Menschen zu. So erwarten Hindus auch für die Zukunft einen solchen Avatara Vishnus: Kalkin soll die größer werdende Not unserer Zeit wenden.

• Im *Buddhismus* haben die großen Gestalten des Mitleids, die Bodhisattvas, eine ähnliche Aufgabe. Nicht wie Gott, auch nicht wie die transzendenten Buddhas, so kommen sie doch als göttliche Wesen dem leidenden Menschen zu Hilfe und stärken ihn auf seinem Weg, das Leid zu überwinden.

• Im *Islam* wird die göttliche Gestalt eines Menschen durch das göttliche Buch, den Koran, ersetzt, der immer wieder von Gott aus zu den Menschen gesandt wird, um sie rechtzuleiten. Propheten wie Abraham, Jesus und Mohammed sind die Vermittler dieser Zuwendung Gottes zu den Menschen durch sein Wort.

• Man könnte noch viele solcher Beispiele, auch aus den Naturreligionen, nennen, hier nur eines aus dem Bereich des konfuzianischen China: In den Lehrreden des konfuzianischen Meisters Yang Hsiung (53 v. Chr. – 18 n. Chr.) heißt es: »Der Himmel lässt sich herab, auf dass das Volk geboren werde.«

Gott wird geboren in uns

Dieser Satz einer ganz anderen als der christlichen Religion vermag uns die Augen zu öffnen für das, was wir Christen als tiefsten Sinn von Weihnachten feiern: Gott, der Große und Unbegreifliche wird Mensch in diesem Jesus damals. Aber er will ebenso Mensch werden in seinem Volk, *Mensch werden in jedem einzelnen Menschen*, er will Mensch werden auch in uns.

Nur dann hat Betlehem, hat Jesus, hat Weihnachten eine Bedeutung, wenn es Auswirkungen hat auf uns selbst. Weihnachten, das ist nicht ein einmaliges Geschehen vor zweitausend Jahren, Weihnachten, das geschieht aktuell und ganz nah in uns selber – immer wieder. Noch einmal: Gott will geboren werden in uns Menschen, in jedem von uns.

Die Mystiker in der Christenheit, jene Richtung eines nicht äußerlichen, sondern inneren Glaubens, haben genau diesen Gedanken immer wieder aufgegriffen und neu formuliert. Dazu einige Beispiele, die uns aufmerksam machen lassen für das Geheimnis von Weihnachten »Gott wird geboren in jedem von uns«:

- *Clemens von Alexandrien* (150–215 n. Chr.), Leiter der Katechetenschule in Alexandria, schrieb etwa zweihundert Jahre, bevor Weihnachten überhaupt zum ersten Mal in der Kirche gefeiert wurde: »Das göttliche Wort ist Mensch geworden, damit wir von einem Menschen lernen können, wie ein Mensch vergöttlicht werden kann.« Mit diesen Worten verweist Clemens darauf: Die Bewegung, die von Gott auf den Menschen zugeht, stößt eine Bewegung des Menschen in Richtung Gott an – der Mensch verändert sich durch das Kommen Gottes zu ihm.
- *Hildegard von Bingen* (1098–1179 n. Chr.), nicht nur Kräuterfrau, sondern vor allem Mystikerin, Lehrerin, Prophetin und

Seelsorgerin, schrieb ähnlich: »Gottes Sohn wurde Mensch, damit der Mensch seine Heimat habe in Gott.« Weihnachten, Geburt Jesu, das ist nicht ein Geschehen vergangener Zeiten, sondern Weihnachten verändert Menschen zu allen Zeiten, gibt ihm Heimat und Geborgenheit in Gott.

• *Meister Eckhart* (1260–1328 n. Chr.), spätmittelalterlicher Theologe und Philosoph, Mystiker, wird noch deutlicher: »Gott ist aus dem Grunde Mensch geworden, dass er dich als seinen eingeborenen Sohn gebäre und nicht weniger.« Und etwa zur gleichen Zeit spricht *Johannes Tauler* (1300–1361 n. Chr.), Dominikaner wie Meister Eckhart, von »einer Gottesgeburt in den Seelen aller Menschen«. Im Innern des Menschen, in seiner innersten Seele, ist Gott gegenwärtig, erfährt der Mensch die Einheit mit Gott. Diese innere Einheit, diese Menschwerdung Gottes in der eigenen Seele, soll der Mensch erkennen und zur Grundlage seines Lebens machen.

• *Andreas Gryphius* (1616–1664 n. Chr.), Barockdichter, nimmt die von der Bibel ausgesagte »Gottebenbildlichkeit« als Ausgangspunkt: »Der Mensch ward Gottes Bild. Weil dieses Bild verloren, wird Gott ein Mensch, in dieser Nacht geboren.« Weihnachten heißt für ihn, dass die ursprüngliche, aber verloren gegangene Gottebenbildlichkeit des Menschen, der Menschheit, wiederhergestellt wird. Und dies kann nicht allein für Jesus, den Mann aus Nazaret, das vorbildliche Ebenbild Gottes gelten, sondern ist ein Prozess in jedem Menschen: Wir sollen durch Gottes Eingreifen in dieser Nacht wieder zu Ebenbildern Gottes in unserer Welt werden.

• *Angelus Silesius* (1624–1677 n. Chr.), Zeitgenosse von Gryphius, Dichter aus Schlesien, übrigens an einem Weihnachtsmorgen geboren, Arzt, Theologe und Mystiker, zieht aus all dem die Konsequenz: »Wird Christus tausendmal zu Betlehem geboren und nicht in dir; du bleibst doch ewiglich verloren.«

Christliches Bekenntnis ist also zusammengefasst in dem weihnachtlichen Satz: Gott, geboren in Jesus damals, geboren in Menschen zu allen Zeiten, geboren in uns heute.

Wenn Gott in uns geboren wird, hat dies Konsequenzen

• Konsequenzen für unser Gottesbild: Gott, ist in unsere Konflikt- und Leidenswelt hinabgestiegen. Wir brauchen ihn nicht länger »oben« zu suchen, im schönen Jenseits, in den paradiesischen Himmeln, sondern hier, im Schmutz und Elend, aber auch im Glück und Fest dieser unserer Welt.

• Der Mensch, und zwar nicht nur Jesus damals, sondern jeder Mensch, ist das Einfallstor Gottes in unsere Welt. Im Menschen ist Gott nahe; denn er ist kein Gott droben über dem Sternenzelt, sondern ein Gott mitten unter Menschen, mitten in Menschen. Er lässt sich erfahren im Stückwerk zerbrechlichen Menschenlebens.

• Das ist sicher: Was Menschsein ausmacht, was an Fülle von Möglichkeiten, von Liebe und Güte, von Erbarmen und Glück in uns steckt, das leben wir nur zum allerkleinsten Teil. Die Menschwerdung Gottes in uns ist deshalb eine unüberbietbare Chance für uns zur eigenen Menschwerdung. Gott nimmt uns mit auf seinen Weg. Plakativ gesprochen: »Mach's wie Gott – werde Mensch!«

• Wenn Gott in dem Menschen geboren wird, dann heißt das auch, dass wir Gott in jedem Menschen zu achten und zu respektieren haben, gleich welchen sozialen Standes er ist, gleich aus welchem Volk er kommt, gleich welche Vorgeschichte er hat, gleich zu welcher Religion er sich bekennt. Gott in jedem Menschen achten ist die Konsequenz aus Weihnachten.

• Wo Gott so in uns Mensch wird, da können Vertrauen, Freude und Hoffnung wachsen, da kann es wirklich Weihnachten werden, nicht nur außen, sondern mitten in uns, da können wir einstimmen in den Gesang der Engel: »Verherrlicht ist Gott in der Höhe, und auf Erden ist Friede bei den Menschen seiner Gnade.«

Weihnachten also verändert den Menschen, weil Gott sich auf den Weg zu den Menschen macht. Diese Veränderung lässt sich an drei Gedanken festmachen:

- *Weihnachten ist das Fest des Glaubens.*
- *Weihnachten ist das Fest der Liebe.*
- *Weihnachten ist das Fest der Hoffnung.*

Weihnachten ist das Fest des Glaubens

Man kommt nicht daran vorbei: Weihnachten ist ein Fest, das nicht nur christlichen Ursprungs ist, sondern auch ohne diesen Ursprung seinen Sinn verliert. Auch wenn dies bei vielen weihnachtlichen Feiern keine Rolle mehr zu spielen scheint, auch wenn hin und wieder antichristliche Ideologien ein Weihnachten ohne Gott und Jesus proklamieren, auch wenn Konsum und materieller Genuss häufig im Vordergrund stehen – Weihnachten ohne christlichen Glauben macht keinen Sinn und geht letztlich nicht.

Das hat Auswirkungen auf die Art, wie wir Weihnachten feiern könnn und sollten. Gleich ob in der Familie oder allein, ob mit Freunden oder in einem Heim, ob zu Hause oder in der Fremde, es gibt genügend Möglichkeiten, an Weihnachten eigene, persönliche Akzente zu setzen. Und die sollten vom Glauben an Jesus geprägt sein. Es geht also an Weihnachten nicht allein um irgendeine Stimmung, sondern es geht darum, dass Freude und Stimmigkeit des Lebens, innere und äußere Harmonie, Glück und Lebenssinn mit diesem Jesus verbunden sind: Der Glaube an ihn lässt das Leben gelingen, trägt dazu bei, Schwierigkeiten und Leid zu durchstehen, und schafft ein grundsätzliches Vertrauen in das Leben. Ohne religiöses Fundament, und dies heißt in der christlichen Tradition ohne Glauben an Jesus, den Christus Gottes, lässt sich weder das Leben des Einzelnen noch das einer Gesellschaft auf Dauer sinnvoll gestalten.

Weihnachten ist somit das *Fest des Glaubens* an Gott, der uns in Jesus erschienen ist, der sich in diesem Menschen aus Nazaret sichtbar macht. Weihnachten ist das Fest des Vertrauens, dass dieser uns so fern erscheinende, der geheimnisvolle und unbekannte Gott sich bekannt gemacht hat in diesem Kind und in seinem Weg bis hin zum Kreuz. Weihnachten hat – richtig verstanden – eine weite Perspektive, bleibt nicht allein bei der Krippe stehen, sondern sieht den ganzen Lebensweg dieses Jesus von Nazaret, sieht das Kreuz und sieht vor allem die Überwindung des Todes als Geschenk des guten Gottes.

Nur so können der christliche Glaube und Weihnachten auch eine Bedeutung für heutiges Leben haben. Das Kind in der Krippe allein wäre zu wenig, würde vielleicht nur ein wenig Stimmung erzeugen, die zwar gut tut, aber nach ein paar Tagen wieder vorbei ist. Allein der Blick über die Krippe hinaus auf den ganzen Menschen Jesus vermag ein ganzes Jahr hindurch zu tragen, ein ganzes Leben lang. Von da aus muss Weihnachten zu einem »lebenslangen Fest« werden. Ebenso wie Christinnen und Christen jeden Sonntag Ostern feiern und damit das von Gott geschenkte Leben, so können und sollen sie jeden Tag des Jahres Weihnachten feiern als grundsätzliche Perspektive des Glaubens: Dieser Gott begegnet uns in seinem Sohn, in diesem Jesus von Nazaret, dessen Geburt an Weihnachten in besonderer Weise erinnert wird.

Dies hat Auswirkungen auf die Feier der Weihnacht: Es geht um eine Stärkung des persönlichen und des gemeinsamen Glaubens. Alles, was dazu beiträgt, ist zu fördern. Allgemein gültige Ratschläge kann man kaum geben, zu sehr hängt die konkrete Gestalt der persönlichen Weihnacht von den individuellen Lebensumständen ab. Wohl aber kann man die Texte der Bibel, das persönliche und gemeinsame Gebet, den Gottesdienst, die religiös geprägten Weihnachtslieder und auch viele der Weihnachtsgeschichten in den Blick nehmen. All dies kann uns helfen, Weihnachten als Fest des Glaubens zu feiern.

Diese christliche Feier kann sich in Zeichen äußern: Vielleicht ist es die Krippe, die in der eigenen Familie eine lange Tradition hat. Vielleicht ist es auch eine besondere Kerze, die in der Dunkelheit nicht allein der Jahreszeit, sondern vielleicht auch mancher persönlichen Lebenssituation Licht bringt. Vielleicht ist es eine Musik, die einen nachdenklich und fröhlich zugleich macht, die Erinnerungen wachruft und die mit dem Leben versöhnt. Jeder kann auswählen, was in seinen persönlichen Lebensumständen dazu beiträgt, Weihnachten als Fest des Glaubens zu feiern. Das Wie ist nicht entscheidend und kann unterschiedlich gestaltet werden. Aber dass es um den Glauben an den sich in Jesus zeigenden Gott geht, das ist für ein gutes Weihnachten unverzichtbar.

Weißt du, was Weihnachten ist?
Der Himmel kommt auf die Erde,
dass Frieden werde
zwischen allen Menschen
zwischen allen Völkern,
zwischen Groß und Klein.

Weißt du, was Weihnachten ist?
Der Himmel kommt auf die Erde,
dass Liebe werde
in allen Menschen
in allen Völkern,
in Groß und Klein.

Weißt du, was Weihnachten ist?
Der Himmel kommt auf die Erde,
dass Hoffnung werde
für alle Menschen
für alle Völker,
für Groß und Klein.

Weißt du, was Weihnachten ist?
Der Himmel kommt auf die Erde,
dass Freude werde
bei allen Menschen
bei allen Völkern,
bei Groß und Klein.

Weihnachten ist das Fest der Liebe

Weihnachten wird oft als Fest der Liebe bezeichnet. Vordergründig denkt man bei einer solchen Benennung an das Familienfest mit der gegenseitigen Zuwendung, an die Geschenke, die Liebe und Beziehung ausdrücken können, sicher auch an die grundsätzliche Sehnsucht eines jeden Menschen nach Geborgenheit und Angenommensein. Aber es geht an Weihnachten um mehr.

An Weihnachten steht die Erinnerung an die Geburt Jesu im Mittelpunkt des Festes. Damit aber erinnern wir uns nicht allein an ein kleines Kind, sondern an einen Menschen, der sein ganzes Leben hindurch die Liebe Gottes sichtbar machte. Es geht um einen prophetischen Lehrer, der vor dem Hintergrund und in der Tradition seines jüdischen Glaubens das Gottesbild akzentuierte: Gott ist den Menschen zugewandt wie ein liebender Vater, er ist der Erbarmende und zur Versöhnung Bereite, er ist der menschenfreundliche und gütige Gott, aus dessen Gemeinschaft niemand ausgeschlossen ist. Ein solches Gottesbild ist auch in der jüdischen Tradition nicht neu, wir finden genügend Aussagen dazu im Alten, Ersten Testament – Jesus hat solches Denken aus seinem jüdischen Glauben übernommen und fortgeführt: Er betonte diesen Gott der Liebe in bedenkenswerter Weise. Und – er lebte ganz nach seiner Botschaft von diesem liebenden Gott, zeigte den Menschen, denen er begegnete, Gottes Liebe und Zuwendung: den Armen und Ausgegrenzten, den Kranken und Behinderten, den Kleinen und Verachteten.

An Jesus erkennen wir, was ein Leben der Liebe und Zuwendung zu anderen Menschen ausmacht. In seinem Umgang mit anderen, in seinem Bemühen, alle in Gemeinschaft einzubinden und Grenzen zu überwinden, in seinem befreienden Heilen und Helfen, in seinem Versuch, durch die guten Worte einer Frohen Botschaft die Menschen zu einem ganzheitlichen Sinn ihres Lebens zu führen, in seinem ganzen Leben also verkündet dieser Jesus nicht allein die Botschaft von einem liebenden Gott, sondern er lebt sie selber.

Und das hat dann Konsequenzen – wiederum für uns. Wer diesem Jesus folgt, für wen dieser Jesus so lebenswichtig wird, dass er oder sie sein oder ihr ganzes Leben umstellt, wer sich also dem Glauben Jesu an den liebenden Gott anschließt, für den oder die wird die Liebe nicht nur zu Gott, sondern auch zum Nächsten geradezu zum Lebenselexier. Jesus hat Gottes- und Nächstenliebe unlösbar aneinander gebunden. Für ihn kann man Gott besonders in der engagierten Liebe zu jedem Mitmenschen finden. Und genau das ist ein zweiter, unverzichtbarer Akzent einer Weihnachtsfeier in unserer Zeit:

Weihnachten muss das *Fest der umfassenden Solidarität* sein. Weihnachten ist das Fest der größeren Liebe. Gewiss, es macht Sinn, Weihnachten im kleinen Kreis der eigenen Familie zu begehen und hier Solidarität und Zuwendung zu empfangen und zu schenken. Weihnachten geht aber darüber hinaus: Weihnachten ist das Fest der neuen Familie, der Familie Gottes (oder Jesu), die alle Grenzen überspringt und alle, ohne Berücksichtigung von Rasse und Geschlecht, von sozialem Stand und religiösen Gewohnheiten einschließt.

Dies sollte auch bei der persönlichen Gestaltung von Weihnachten eine Rolle spielen. Weihnachten ist nicht das Fest der Enge, sondern der Weite: Wo mache ich diese Weite durch mein Leben, meine Hilfe, meinen Einsatz deutlich? Wo gehe ich in der Nachfolge Jesu konkret auf Menschen am Rande zu? Wo engagiere ich mich nicht allein für mein eigenes Wohl oder das der Menschen, mit denen mich eine sehr enge Beziehung verbindet, sondern auch für Menschen bei uns und in anderen Ländern, die Hilfe und Zuwendung brauchen. Vieles an weihnachtlichem Brauchtum (vgl. etwa das Sternsingen, aber auch die Solidaritätsaktionen der Kirchen »Brot für die Welt« und »Adveniat«) sind in dieser Hinsicht gute Impulse. Aber eine konkrete Umsetzung muss von jedem und jeder im Blick auf die persönlichen Lebensumstände erfolgen: Wie kann ich an Weihnachten die von Gott empfangene Liebe weiterschenken?

Man kann doch nicht so einfach Weihnachten feiern,
nicht einfach so Stimmung schaffen,
Freude zaubern, Licht anzünden.

Man muss doch erst behutsam
für Weihnachten sich öffnen,
nicht äußeres Tun, nicht viele Dinge,
wohl aber ein anderes Herz.

Man muss zuerst einmal
für Weihnachten sein Herz austauschen,
Neues gegen Altes, Frieden gegen Streit,
Hilfe gegen Einsamkeit,
dann wird es eine heilige Zeit.

Man kann doch nicht so einfach Weihnachten feiern,
erst gilt es, im Innern
zu einer offenen Schale zu werden,
mit offenem Herzen das Geschenk zu empfangen.

Man kann erst dann Weihnachten richtig feiern,
wenn hoffend, liebend, glaubend
man bereit ist für die heilige Zeit.

Weihnachten ist das Fest der Hoffnung

Weihnachten bedeutet für viele ein paar Tage, an denen man
ausspannen kann, einmal Luft holen inmitten all der Hektik
und des Stresses, den unsere Zeit und Gesellschaft mit sich
bringen. Weihnachten – das bedeutet: Zeit für sich haben.
Weihnachten, das ist Ruhe, vielleicht auch eine stille Zeit und
Besinnung. Weihnachten unterbricht den normalen Alltag;
das ist ungewohnt und kann manch einen Zeitgenossen sogar
stören, solche Menschen sind dann froh, wenn alles wieder
vorbei ist.

Für Christinnen und Christen ist diese Sicht von Weihnachten nichts weiter als ein Ausgangspunkt. Denn Stille und Ruhe, Abstand zur alltäglichen Belastung, Unterbrechen des gewohnten Tagesablaufes – dies kann eine Chance sein, neu das zu suchen, was das Leben wirklich lebenswert macht, was zu einem sinnvollen Leben führt, was über die Fragen des Alltäglichen und oft Belanglosen hinaus zum tiefen Sinn menschlichen Lebens gehört. Weihnachten kann die Chance zur Besinnung, zu einem Neubeginn, zu einer neuen Sicht werden. An Weihnachten können wir uns selber und die Menschen überhaupt neu sehen lernen. An Weihnachten können wir Gott neu sehen lernen. An Weihnachten können wir sehen lernen, wie Gott und Mensch, Himmel und Erde miteinander verbunden sind: An Weihnachten nämlich hat der *»Himmel die Erde berührt«*, ist Gott auf den Menschen zugekommen.

Das aber hat Konsequenzen: Wenn Weihnachten so über den Horizont hinausblicken lässt, dann ist es ein Fest der Hoffnung. An Weihnachten spüren wir neu, dass wir auf unserem Weg nicht allein sind, sondern geborgen in Gottes Hand. An Weihnachten ahnen wir erneut, dass das Ziel unseres so verschlungenen Lebensweges ein gewisses, ein sicheres Ziel hat, dass wir inmitten all der Unsicherheit unserer Welt eine gute Heimat haben.

Weihnachten ist demnach nicht allein der Blick zurück auf die Geburt Jesu damals in Israel. Weihnachten meint ebenso den Blick in unsere Zeit, dass wir zu Menschen der Liebe werden. Und Weihnachten, dies ist der letzte Akzent, meint den Blick nach vorn, dass wir Hoffnung haben dürfen: Dieser Jesus, dieser »Gott hilft«, dieser »Gott-mit-uns« kommt uns als unser Retter entgegen. Die Gemeinschaft mit ihm sollte das absolute Ziel auch unseres Lebens sein. Somit wird Weihnachten zu einem Fest des unbedingten Vertrauens und der großen Hoffnung.

Dies kann und soll in unserer Weise, Weihnachten zu feiern, anklingen. Gegen alle Dunkelheit, Enttäuschung und

Not in der Welt zünden wir ein Licht der Hoffnung an. Wir wissen, dass nicht alles in unserer Hand liegt. Dies aber muss uns deshalb nicht verzweifeln lassen, weil wir darauf vertrauen, dass wir alle in Gottes Hand sind. Wir wissen nichts Genaues über unsere Zukunft. Aber wir leben aus der Hoffnung, dass unsere Zukunft auf Gott ausgerichtet ist.

Da hat der Himmel die Erde berührt
Weihnachten ist ein unverzichtbares Fest. Ohne Weihnachten wäre es ein Stück dunkler in unserer Welt. Doch Weihnachten kann unser Leben hell machen, weil es ein Fest des Glaubens, der Liebe und der Hoffnung ist, weil wir an diesem Tag mehr als sonst spüren, dass »der Himmel die Erde berührt«, Gott den Menschen.

Den Zauber dieser heiligen Nacht, unserer Weihnacht, unserer Christnacht kann man kaum besser beschreiben als mit dem Gedicht »Mondnacht« von Joseph von Eichendorff (1788-1857):

> Es war, als hätt' der Himmel
> die Erde still geküsst,
> dass sie im Blüten-Schimmer
> von ihm nun träumen müsst.
>
> Die Luft ging durch die Felder,
> die Ähren wogten sacht,
> es rauschten leis die Wälder,
> so sternklar war die Nacht.
>
> Und meine Seele spannte
> weit ihre Flügel aus,
> flog durch die stillen Lande,
> als flöge sie nach Haus.

Dann fängt Weihnachten an

Wenn mitten im Winter
eine Rose aufblüht,
der Schmetterling leuchtend bunt
durch den Garten zieht,
die Nachtigall
ein Lied der Hoffnung singt
und zwischen Menschen
Freude und Glück erklingt,
    dann fängt Weihnachten an.

Wenn mitten im Streit
Versöhnung beginnt,
es selbst zwischen Feinden
wieder richtig stimmt,
der Reiche
mit dem Hungrigen teilt
und der Lahme
zum Regenbogen eilt,
    dann fängt Weihnachten an.

Wenn mitten im Leid
die Not gewendet,
das Dunkel des Todes
durch Licht beendet,
ein Kind wichtiger
als alles ist
und du
ganz du selber bist,
    dann fängt Weihnachten an.

Weitere Bücher von Hermann-Josef Frisch im Patmos Verlag

Euer Noach,
Schiffbauer
und Zoodirektor
Biblische Gestalten
melden sich zu Wort

57 Briefe biblischer
Gestalten von Adam bis
zu den Engeln vom Hirten-
feld ziehen Linien
von der biblischen Zeit
bis zur Gegenwart.

144 Seiten
ISBN 978-3-491-70426-8

Aufbruch oder
Betriebsunfall?
Das II. Vatikanische
Konzil und seine Folgen

Die Bedeutung der Kon-
zilsbeschlüsse wird durch
ihre Vorgeschichte, ihre
wesentlichen Inhalte und
ihre Wirkungsgeschichte
herausgestellt.

144 Seiten
ISBN 978-3-491-72565-2

Welt und Botschaft der Bibel
Das große illustrierte Handbuch

Reich illustriert eröffnet dieses Handbuch dem heutigen Leser die Welt
der Bibel und die Botschaft der einzelnen biblischen Schriften.

448 Seiten – ISBN 978-3-8436-0232-7

HERMANN-JOSEF FRISCH

Auf uns wartet
DAS LEBEN

Was wir an Ostern feiern

Auf uns wartet das Leben
Was wir an Ostern feiern

Herkunft und Botschaft des Osterfestes werden erläutert und ins Heute
übersetzt: kompakt, informativ, inspirierend

128 Seiten – ISBN 978-3-8436-0005-7